解读美国

现实、媒介与省思

INTERPRETATION OF THE U.S.

FROM REALITY, MEDIA AND THINKING

谢晓霞　著

社会科学文献出版社
SOCIAL SCIENCES ACADEMIC PRESS (CHINA)

目录
CONTENTS

解读美国
现实、媒介与省思

引 言
关于美国：现实世界与我们的想象

.

借用李普曼《舆论学》①的引言题目作为本书引言题目，是因为在我看来，认识美国的路径就像李普曼的研究对世人的意义：拨开重重迷雾始见新闻舆论背后的真相。只是，短短几个月的实地感受，即使加上之前三十余年的间接了解和回到中国后的再度思考，美国在我看来仍然是模糊的，任何关于美国的谈论都如同妄论。百余年前的美国传教士明恩溥在中国大地上自信地写道："一个外国人在中国的村庄里住上一年，他对中国人内在生活的了解之深，可能是他在中国的城市里住上十年也达不到的。""我们还必须把村庄视为中国社会生活的一个单元"。②此种断语似的写作风格贯穿《中国人的气质》全书，是因为写作只是传教士的业余爱好，抑或因为19世纪末已显颓败之势的中国在一个当时的欧美人士眼中没有值得深究和审慎对待的价值？

美国什么样？在与新中国同龄的我父母亲看来，"美国鬼子"不是啥好东西。在他们那个年龄的微信朋友圈里，关于美国如何

---

① 〔美〕沃尔特·李普曼：《舆论学》，林珊译，华夏出版社，1989。
② 〔美〕明恩溥：《中国人的气质》，刘文飞、刘晓畅译，上海三联书店，2007，第5页。

以技术欺负中国的内容转发最为频繁，比如麦当劳、肯德基等快餐都是美国人针对中国人的发明，是故意用转基因材料制作的使中国人体质变弱的食品。在我学龄前的儿子眼里，美国遍地变形金刚、炫酷汽车。我有一个在美国做博士后研究的高中同学，热衷在同学群里发言，但极少谈美国的事情，出国前他火速娶了老婆，到美国后一点不耽误地生下两个孩儿，给人感觉他只是工作在美国，和美国本土人士之间有无形又随处可感的隔离层。对于遥远大洋彼岸的当今世界唯一的超级大国，大概"一千个人眼里，就有一千个美国"。每个人对于美国的印象，又和媒体特别是影像的影响分不开。父辈的美国观来自他们青年时代意识形态挂帅的宣传。孩子的美国印象来自一部又一部的动画片。年轻人的美国印象多半来自 20 世纪 90 年代后陆续引进的好莱坞大片以及互联网兴起之后传播趋盛的美剧。我认识的一位同龄人虽身在美国，学生物的他或者因为每天待在实验室无暇出去，更可能因为作为一个外来者实在很难给真正身处的美国一个定论，他的自媒体发放的图片经常是与黑人或其他有色人种一起工作的照片，或许这是他对美国无言的印象：肤色决定了圈子。李普曼提出的"拟态环境"，是传播媒介通过对象征性时间或信息进行选择和加工、重新加以结构化之后向人们提示的环境。通常人们把"拟态环境"作为客观环境本身来看待，这种加工、选择和结构化一般是在媒体内部进行。"拟态环境"和客观环境本身有较大差异，但很多人意识不到这种差距或者没有理性地看待这种差距，就像上文提及的我的父母、孩子、同学。

那么是不是到了美国，所见就是真正的美国呢？我于 2016 年下半年来到美国，主要居住地是位于南方的亚拉巴马州的小镇特洛伊。起初以为小镇就代表了美国特色，因为很多地方都说要了解美国的传统就要找美国的小镇，前总统克林顿曾公开讲述自己以出生在阿肯色州的霍普镇而骄傲。后来，我读到《心灵的习性：美国人生活中的个人主义和公共责任》讲述的萨福克镇上居民乔的故事后，开始反思之前的某些自以为是的观点。书中采访的对象之一乔是真心无私投入萨福克镇上公共事务的一员，因为觉得镇上人情温暖，如此美好的环境，每个人都有义务让这种美好的邻里关系延续。而真相可能是："为了肯定萨福克传统的重要价值，乔虚构出一个被现代发展侵蚀了的小镇的黄金时代。他相信，昔日的精神能够复活，而使这种精神再生的努力，能够给人们的现实生活带来意义。"① 理念支撑着乔，他不愿意承认萨福克其实已经人心不古，何况距离萨福克不远的波士顿是美国数得出的大城市。亚拉巴马州和马萨诸塞州在地理、经济、文化等多方面有很大差异。综合考量，我认为，21世纪第二个十年里的特洛伊很可能比20世纪最后十年的萨福克更具有美国传统文化的特点。

托克维尔行走在美国大地的时间并不长，资料显示为一年左右，但他完成了至今了解美国仍然必须阅读的《论美国的民主》。而一些在美国居住多年的人难有关于美国堪称深刻的只言片语。对一个陌生地域、国家思考的深度并不和居住时间成正比。B老师曾经两次去美国，第一次在他读博士期间，新婚妻子同去，这个时期内他们生下了第一个孩子，新生儿的到来让他们亲身感受了美国的医疗系统，但没有时间认真思考；第二次在大学任教以

---

① 〔美〕罗伯特·N.贝拉等著《心灵的习性：美国人生活中的个人主义和公共责任》，翟宏彪等译，三联书店，1991，第15～16页。

后，这一次他们有计划地生下第二个孩子，B 老师是带着课题去的，他的思考和关注基本限于课题领域。同样在高校的 B 老师之妻，两次均超过半年的美国旅居，留给她的印象基本限于"牛奶很便宜""小镇公共服务很好，孩子的玩处多"之类。对一个在异国承担生产、养育之重任的女人要求更多是一件极不人道的事。本书并非苛责这位母亲，而是想说，有目的的生活、有目的的介入，未必能得到有深度的认识，即使就亲身观察与体验到的领域来说。

大自然

在美国南方停留数日后，我和同伴借助飞机到达了洛杉矶。先从亚拉巴马坐车到亚特兰大哈兹菲尔德－杰克逊国际机场，飞行五个小时到达洛杉矶国际机场，飞行路线在美国地图上呈现为横跨东西的一条直线。然后参加了华人旅行团游历了圣地亚哥、旧金山、斯坦福大学、十七英里、优胜美地、拉斯维加斯、胡佛水坝、西峡谷、好莱坞影视城等地，体验了十天明信片一般的景观与我们所参加的华人旅行社并非高水平的组织与导游。一个多月后，我们又乘坐学校针对国际学生的包车长途旅行，从亚拉巴马启程，经过佐治亚、南卡罗来纳、北卡罗来纳、弗吉尼亚四个州，到达首都华盛顿，稍作游历，又启程前往纽约，五天后又经一天一夜返回亚拉巴马。其间，我们一起拼车前往佛罗里达的海滩，体会墨西哥湾的潮起潮落；到亚拉巴马的山脉，看日出日落。

不知该说是大自然的馈赠还是该说是最先到达这片土地的美国人祖先的睿智，一百八十多年前托克维尔就感叹："陆地和水系，山岳和河谷，都布置得井井有条。在这种简单而壮观的安排中，既有景物的杂陈，又有景色的多变。"① "那些十分适于经商和开工厂的海岸，那些深水河流，那个用之不竭的密西西比河大河谷，总之，整个这片大陆，当时好像是为一个伟大民族准备的空摇篮"②。美国人的"天定命运"观、按照自己的想象改造世界的意愿，以及即使在一个普通美国人身上也能感受到的骄傲，与这丰饶的自然资源关系密切。一直以来，土地都被美国人作为重要的战略资源。我想起另外一个有丰富自然资源的国家——俄罗斯。"无限的深邃和非凡的崇高与某种低贱、粗鄙、缺乏尊严、奴性混杂在一起；对人无限的爱，真诚的基督之爱，与仇恨人类的残忍结合在一起；对基督（宗教大法官）的绝对自由的渴望与奴性的驯服和平共处。"③ 别尔嘉耶夫的论断以及其他一些俄罗斯思想家指出的广袤的土地、丰富的资源滋养了俄罗斯人，然而也纵容了他们的懒惰、闲散。作为俄罗斯最伟大的思想家之一，别尔嘉耶夫对于自己的国家有些爱恨交加，不乏自省的态度；法国人托克维尔怀着在新生的美国观光体验并反思法国问题的目的来观察与思考。立场不同，对类似事物的看法也会有较大差异。

美国地跨大西洋、太平洋，领土的广阔除了来自拓荒者的努力进取（虽然经常不择手段），和19世纪末美国海军上将艾尔弗

---

① 〔法〕托克维尔：《论美国的民主》，董果良译，商务印书馆，1997，第20页。

② 〔法〕托克维尔：《论美国的民主》，董果良译，商务印书馆，1997，第29页。

③ 〔俄〕别尔嘉耶夫：《俄罗斯灵魂》，转引自汪建钊编选《别尔嘉耶夫集——一个贵族的回忆和思索》，上海远东出版社，2004，第6页。

雷德·塞耶·马汉的海权论思想分不开：做陆上强国同时也要做海上强国。美军长期驻在圣地亚哥军港的太平洋第三舰队于我是惊鸿一瞥。我从来没有想到美国其实也是一个岛。我认识的岛被描述最多、含义最丰富的就是台湾，其在历史长河中的曲折经历被浓缩在罗大佑所唱的《亚细亚的孤儿》里，即使现在台湾媒体关于本土的新闻也经常用"岛内""岛外"来形容。无论军事、政治还是日常生活意义中的岛总是与弱小、孤立相联。"岛上的居民，也就是罗马人和美国人，在他们的思想感情中长期把自己当岛民，美国人甚至还有一个特有的词：Isolationism（孤立主义）。"① 当年到达北美大陆的"五月花"号上的全体乘客，在茫茫大海上漂泊数天后碰到的可以上岸的地方，可不就是岛？接下来是与征服任何一个海岛一样的过程：为了生存和熟悉环境，开始和土著搞好关系，等到熟悉后，驱赶、杀戮土著。

很多年里，美国人并不太关心其他地区的事务，或者说只是隔岸观火。"他们的孤立主义思想源自他们的海岛位置，同时还有几个截然不同的渊源：和平主义和现实主义、理想主义和种族主义。""在美国人的价值和利益没有遭受危险的时候，绝不让美国人流血牺牲！不为其他种族和宗教打开门户。"② 然而，随着美国的发展，"岛"已从世界边缘变为中心，全球化的规则，源源不断从岛上制定并很快扩散到世界任何地方。

儿时，我家住在下川东地区远离长江的县份的一个远离县城的山上小村。乡邻多为一个宗族延续下来的或者因姻亲关系居住

---

① 〔德〕本德尔著《美国：新的罗马》，夏静译，中央编译出版社，2005，第17页。
② 〔德〕本德尔著《美国：新的罗马》，夏静译，中央编译出版社，2005，第38页。

在一起的叔、伯、婶、姨、舅以及各种老表，但我对其中的一些人不熟悉，要梳理并表述清楚小村的概貌、特点等是一件十分为难的事。如今我面对的是美国，当今世界上唯一的超级大国，包括五十个州、一个特区以及众多的海外领土，想要描述它时，一种深深的无力感弥漫全身。另外，我以为自己所见到的美国和之前在媒体的新闻报道以及虚构的小说、影视剧中感受到的有较大差别。我觉得自己看到了别人没有见到的美国，或者说看到了别人没有注意到的美国的某些方面，或许那只是关于美国的又一个"拟态世界"，但仍然使人有想清楚、写明白并讲述给别人的冲动。图1为美国国会大厦，很多中国人熟悉的美国的重要标志之一。

图1 美国国会大厦

关于宗教信仰

　　无论是一直在中国国内生活还是到美国溜达一圈的中国人，甚至包括在美国北部大城市打拼的部分华人，大概很难感同身受到美国人宗教信仰之普遍与坚定。这除了由于异族人的隔阂，还有一个重要原因是，作为华人母国的中国，历史上大部分时间里宗教信仰都不是一个显在问题，无论官方还是民间。第一批到达北美大地的欧洲人，愿意历经千辛万苦探寻新大陆就是因为要逃离母国的宗教迫害。既然是为宗教原因远离家园，到了他们眼中的海外乐土之后，努力一如既往地重视宗教，同时尽量避免限制别人的信仰自由，不让发生在自己身上的悲剧重演，这大概就是美国宗教信仰现状的元起点了。

美国宗教信仰普遍性的一个显著标志是教堂林立，在南方小镇尤其突出，几乎每个镇上最漂亮的建筑都是教堂。无论早期的欧洲移民还是后来白人的"西进运动"，延至海外美国人的征战，牧师先于军人到达、教堂先于军事营地建设是常态。早期到达中国的传教士明恩溥、林乐知、裨治文、伯驾、卫三畏、丁韪良等，初衷未必全是为后来的军事、经济侵略开辟道路，一些中国学者对此有研究。我曾阅读的一篇文章《"文化侵略"与"文化帝国主义"：美国传教士在华活动两种评价范式辨析》① 认为，以"文化侵略"谈美国传教士在华活动太单一，不符合实际情况，另一种观点"文化帝国主义"更贴近大多数传教士的实际情况，但也不完全符合美国传教士的真实状况。西方传教士在晚清中国活动的实际效果及多数学者的解读（特别是教科书里），让大家认为宗教为随后的侵略行为的先行者，为后者开道。这种误解其实是由于宗教在中国社会并非必要元素，理解不了美国人对宗教的感情。很多年来，大多数中国人对于宗教是陌生的，或者

① 王立新：《"文化侵略"与"文化帝国主义"：美国传教士在华活动两种评价范式辨析》，《历史研究》2002 年第 3 期。

笼而统之将其和封建迷信混为一谈。而我在中国国内接触的美国人，无论是学生还是学者，到达一所大学之前或者之后，很爱打听的一件事是："附近是否有教堂？"这个问题虽然接待方会给予回答，但不会十分重视，因为没有类似的经历，估计也很难理解美国人对于宗教如同吃喝拉撒一样的日常性需要。

美国宗教信仰的普遍性给第一次到达这片土地的我极大的震惊体验。从全世界地价最贵的曼哈顿第五大道到任何一个小镇小村，都有教堂的身影。我所在的小镇教堂林立，尽管可能是因为有一所虽然级别不高、知名度不大，但很注重国际化办学的大学在此。小镇的学生、老师及附近的居民，均有自己的教堂，在邀约别人参与某项活动时，经常得到被拒绝的理由是："对不起，那天我有教堂活动。"小镇最美、历史最悠久的教堂是第一教堂。在南方广袤的土地上随车前行，可能很久看不见居民聚居区，但教堂星罗棋布，比民居更容易闯入来客的视线。北美大陆的很多地方最先闯入者为西班牙人，他们以武力征服一个地方后，第一件事多半是兴修教堂。看来所有欧洲征服者前行的脚步均伴随宗教的传播。美国人的不同在于，当宗教在欧洲社会已趋世俗化的当下，这个当今世界唯一的超级大国，从总统府主人到普通田舍人家，大都保持着宗教信仰。① 这彻底打破了我之前对于宗教主要来自道听途说的模糊印象："愚昧落后的人才信教。"

2016 年总统大选投票之前，关于候选人希拉里、特朗普的各种统计数据是各大媒体发布的重要内容，从宗教角度对选民投票

---

① 〔美〕彼得·伯格、〔英〕格瑞斯·戴维、〔英〕埃菲·霍卡斯：《宗教美国，世俗欧洲？——主题与变奏》，曹义昆译，商务印书馆，2015。

意向进行预测与统计是其中必需的一项。大选投票日前一天我在一个教堂观察人们的宗教活动是否会明显或隐晦地涉及第二天的投票，结果发现他们的举动宛如第二天根本就不会有投票一样，从牧师到每一个普通参与者，均无人谈及总统大选。我得出这样的印象：宏观看，选民的宗教信仰选择对于大选结果有重要作用，有宗教信仰的选民投票给特朗普者远多于给希拉里的；微观看，总统大选只是普通美国人生活的一小部分，即便距离投票很近的时间，人们也不会把宗教活动的时间分一些给关于大选的讨论，真正体现了"政教分离"。包括特朗普在内的历届总统在任职典礼上手按《圣经》的仪式，对于这个宗教氛围浓厚的国家而言，有尊重传统的意义，也不乏现实的考虑。

教会的日常性功能对于这个国家的普通公民、外国来的暂居者或第一代移民均有非常重要的作用。美籍华人学者阎云翔在《私人生活的变革：一个中国村庄里的爱情、家庭与亲密关系 1949—1999》[①] 中提到政治在中国村庄共同体中的作用。伦理道德是维系中国村庄的一个更传统、有效的因素，费孝通所称的"乡土社会""熟人社会"亦针对此。而在美国，维系人们之间关系的是宗教。

美国基层社会没有类似中国的居委会、村委会这样兼具行政、社会事务等多种功能于一体的组织，而诸如镇政府、县政府这样的机关处理事情有其程序性、时效性，即使对于久居此地的人也不是很灵活方便，更别说初来乍到者。每周例行活动的教会很好地弥补了公共机构的不足，在很大程度上彰显了这个国家的人情味。据我观察，一套常规的教堂活动包括三项内容：一是宗

---

① 〔美〕阎云翔：《私人生活的变革：一个中国村庄里的爱情、家庭与亲密关系 1949—1999》，龚小夏译，上海书店出版社，2006。

教内容的学习，主要是阅读、背诵、讲解经文；二是教友分享和宗教有关的人生故事，"心灵鸡汤"的作用大于对宗教教义的佐证；三是教友的各种信息的传播，包括婚丧嫁娶等，居民们多半通过教会传播各类信息，新搬进社区的居民如果是教徒，通过教会可很快结识朋友。教会兼具民间和官方组织的部分功能。

我在美国南部遇到的华人无论是否信教，大都会参加教会活动，除了感到新奇之外，也是现实的选择。这个地广人稀、允许私人持有枪支的国家，很多地方公共活动的区域如饭馆、酒吧之类少得可怜且又极其注重私人领域和领地的保护，外来人员通过其他渠道了解和融入当地生活不是一件容易的事情。而教堂和教堂活动提供了这样的交际时空。多种宗教的信仰自由也包括进入和退出的自由，即使参加者怀着功利心理加入，走走停停、进进出出，美国人也不会觉得有问题，因为大多数人认为上帝很宽容，不会太在意。如果教堂又带有一定的母国母语色彩，如华人教会、黑人教会……新移民在这里更容易找到文化、语言、信仰认同，教堂兼备了这个移民国家民间的族群凝聚功能。

宗教在美国影响广泛，美国人对宗教的态度可谓很宽容。我所在的南部乡间相对传统、保守，重视传统宗教的传承和传播。但美国泛宗教的倾向不可忽视，宗教的私人化是其中一个倾向。"甚至有人干脆用自己的名字命名她的宗教（她管它叫'信仰'）。这说明，从逻辑可能性上看，美国可以有 2 亿 2 千万个宗教：一人一个。"①《心灵的习性：美国人生活中的个人主义和公共责任》例举到一个叫希拉·拉森的护士把自己的信仰就叫作

① 〔美〕罗伯特·N. 贝拉等著《心灵的习性：美国人生活中的个人主义和公共责任》，翟宏彪等译，三联书店，1991，第 332 页。

"希拉主义"。此书英文原版发行于 1985 年。根据后来的媒体报道，经过"9·11"事件后，更多的美国人回归传统的宗教信仰，但类似护士希拉的个人主义宗教应该还有相当数量的存在。

宗教影响着美国总统大选、海外出兵等国家大事，影响了社区治安、环境，也影响着个人的生活，如很多基督徒对于婚前性行为的不认同，大多数宗教人士以及信徒反对堕胎。

假设一下，将所有的教堂从这个国家抽离，我无法想象会产生多么糟糕的结果，可以肯定的一点是：混乱程度一定超过了华盛顿关门大吉。

政治与媒体

我很早就听说美国人对政治不感兴趣。真正到了两党制的美国（或者更准确地说是多党制，虽然历任总统都产生自民主党或共和党，但还有很多在野党派），又逢大选之年，我得到了一个很好的近距离观察体会美国政治生态的机会。遗憾的是，我在美期间的主要居住地远离美国的政治、经济、文化中心。幸运的是，媒体至少让在美国境内的受众可以平等、迅捷地收到各种资讯，同时也让我体会到美式政治与媒体的关系。直到投票当晚，9 点之前都不被看好的特朗普最后大胜希拉里，很多人总结这是自媒体对传统媒体的胜利。特朗普团队利用一切可以利用的自媒体资源，包括 Twitter、Facebook、Google、YouTube 等，最终使"超级网红"特朗普胜出，他可谓"自媒体总统"。支持民主党的传统媒体 CNN、MSNBC、CBS 等之前对希拉里的笃定式新闻报道成为一场自编自导的笑话。到我行文至此，美国第 45 任总统特朗普是历届总统最不在乎传统媒体，自然对传统媒体来说也是最不友好的，这也是整个竞选期间传统媒体不遗余力地"黑"特朗普的原因。

电视媒体和总统竞选之间的关系至少可以上推到20世纪60年代。尼克松竞选总统期间，受命为尼克松媒体顾问的年轻电视人罗杰·艾尔斯试图改变尼克松在选民心中沉闷乏味的形象。《费城询问者报》（The Philadelphia Inquirer）的专栏作家乔·麦金尼斯在竞选结束的日子里跟踪记录了艾尔斯及尼克松媒体团队的其他成员，"出版了一本书《销售总统》，在书中艾尔斯扮演了重要角色——一个世俗的，有强烈紧迫感的媒体巫师，有着一双明察秋毫的眼睛"，"并且坚定不移地相信电视可以销售一切。麦金尼斯透露了艾尔斯和其他的顾问们如何通过小心谨慎地筛选提问人，如何选择一个比本人看上去更漂亮拍摄角度、灯光和化妆，以及——或许是最重要的——如何牵制新闻舆论。多年以后这些技巧已经成为政治候选人的标准程序，但在当时《销售总统》是一个启示录"①。

总统候选人实际怎样远没有他们在媒体上表现怎样重要。候选人之争在很大程度上是媒体运用的策略之争。2016年总统大选特朗普从跳梁小丑角色到总统的华丽转变与他的顾问、资深民调和媒体专家康威（Kellyanne Conway）的数次力挽狂澜分不开。希拉里虽然最终败北，但她在媒体前的从容睿智，包括她看似随意其实精心设计的短发、净色套装都将成为全世界有权力者特别是女性权威者效仿的榜样。2016年的大选结果表明：媒体上表现的完美并不一定选举结果就是完美的。特朗普在三次总统电视辩论会上表现很糟，就像康威所说："我的老板是个可笑

---

① 〔美〕斯科特·柯林斯：《狐狸也疯狂：福克斯电视网和CNN的竞争内幕》，张卓、王瀚东译，华夏出版社，2007，第31页。

的老男孩。"① 特朗普的胜利至少基于四个原因：一是选民对看上去睿智、富有天才的奥巴马八年执政的失望，影响到他们对同样党派、成熟政客类型的希拉里的看法；二是美国政体特点决定了总统的权力在各方的平衡之下运行，是团队的发声代表，总统没有看上去的那么重要；三是特朗普团队有力地形成了和克林顿团队的差异化策略；四是特朗普团队对新媒体的恰当运用，省钱又有力。

从一开始，传统媒体对于特朗普、希拉里的态度有天壤之别。让特朗普现身荧屏似乎就是为了让他出糗，反之希拉里的到来是为了让其表现领袖风范。总统大选的结果让美国国内和国外的很多人都得出一个结论：美国分裂了。美国分裂了吗？从 2016年 11 月 8 日到 2017 年 10 月底，美国经历了民众自发上街游行、名人发表各种言说和文章，甚至某些州投票决定是否脱离联邦，但美国还是一个整体的美国，美国的内政外交均以美国的利益为准绳。"老坏小子"特朗普正在努力使竞选口号"让美国再次伟大（Make America great again）"变成现实。

表面看，美国社会一直都非整体一块，民主党、共和党两大党的存在使政坛始终潜藏着分裂的可能；媒体领域支持民主党和支持共和党的势力本来强弱明显，就像福克斯新闻频道创办之初被默多克挑选上任的主席艾尔斯所说："当我们启动这个电视网时，将共同面对的一个问题是，大多数记者都是自由主义者。"②

---

① "Kellyanne Conway Confirms: My Boss Donald Trump Is A Ridiculous Man - Baby", http://www.huffingtonpost.com/entry/donald - trump - conway_us_5814c332e4b0390e69d092de.

② 〔美〕斯科特·柯林斯（Scott Collins）：《狐狸也疯狂：福克斯电视网和 CNN 的竞争内幕》，张卓、王瀚东译，华夏出版社，2007，第 76 页。

普通人的黑、白种族差别观念虽然不像 20 世纪 60 年代及以前是"白人的美国"还是"黑人的美国"那样鲜明，但潜在的种族问题存在于任何地方。如果有大选后详细的民调，估计每次总统选举，那些不满意结果的选民都有不再在这个国家的冲动，都会有暂时的分裂意识，而后又趋于弥合。除了基于自然原因的种族问题，对于其他的分歧来说，或许正是由于它们的存在使这个社会保持一定的活力。所有分裂的可能在美利坚整体利益面前都不是问题，弥合只是时间问题。

大选期间，人们比平日更警惕媒体的偏向，一方面人们需要从媒体观看候选人的表现，获得各种信息；另一方面，又要从中甄别，以防被误导。就 2016 年总统大选而言，支持共和党的选民和以支持民主党为主的传统媒体之间的关系便是如此，如此观看媒体自然身心疲惫，这应该是不少人转而看自媒体的原因。

至少从 20 世纪 60 年代末算起，数次总统选举，早已经让选民明白电视上的候选人是经过团队精心包装出炉的。选民有时会厌倦了此种游戏，或者投票呈现出"反智化"色彩，特朗普之前的明显例子是小布什。美国著名左派人士迈克·穆尔 2001 年曾出版著作《愚蠢的白人》①，讽刺了小布什总统及其幕僚等一众大人物。对于两党制的存在，穆尔在这本大获好评的畅销书中写道："民主党人几乎已经成了共和党人理想的他们。因此我主张：民主党人一定要并入共和党。这样他们就能把自己一直以来做的事情做得更好——代表富人——并且，这样他们还能够巩固人员和总部形成一个为占人口 10% 的富翁工作的组织严密、性能良好

---

① 〔美〕迈克尔·穆尔（Michael Moore）：《愚蠢的白人》，周遵友等译，中信出版社，2003。

的战斗机器，同时还能省下一大笔钱。"① 和我一样，在中国国内长大并接受教育的人们早就从教科书中知晓美国总统大选的"驴象之争"是民主的假象，实质都是为资产阶级服务，或者是资本主义社会内部自我调整的体现之一。这样看来，美国国内与我们"心有戚戚焉"者大有人在。

景观社会

根据《景观社会》作者德波的描述，当代资本主义社会已经从生产阶段发展到一个独特阶段——景观社会。"在现代生产条件无所不在的社会，生活本身展现为景观（spectacles）的庞大堆聚。直接存在的一切全都转化为一个表象。"② 德波从资本主义社会内部提出"景观"概念，我在此借用更多是字面意思的"景"与"观"。未到美国，对于美国社会的认识与感受就已经开启了景观之路。很多人对于美国的第一印象来自好莱坞大片——最具美国特点的影片。美国人很善于将景观做得漂亮吸引人，让到美国旅游或短暂居住的外国人以为他（她）所见到的拉斯维加斯、百老汇、迪士尼、环球影城、航空航天中心、华尔街、可口可乐……就是美国，或者美国各地都是这样的。美国向海外输出的景观几乎都是建构美国正面形象的，美式国体政体、美式价值观、美式人文关怀让很多人心向往之，甚至抨击美国者可能也夹杂着爱恨交织的情感，但这并不能囊括事实上的美国社会。

---

① 〔美〕迈克尔·穆尔（Michael Moore）：《愚蠢的白人》，周遵友等译，中信出版社，2003，第 199 页。

② 〔法〕德波：《景观社会》，王昭风译，南京大学出版社，2006，第 3 页。

　　如果以前文的“分裂”来形容，外国人所看到的美国的景观和美国的实际状况差异甚大，美国人眼中的美国也是异彩纷呈。在《疯狂的美国：贪婪、暴力、新的美国梦》一书中，作者写道：“存在着两种类型的美国：一种是已经受到严重感染的美国；另一种是尚未受感染、仍然是文明社会的美国。”① 该书将美国的疯狂分为三种：经济疯狂、政治疯狂、社会疯狂。并列举了大量实例，如中央公园的聚众狂欢活动中数人肆无忌惮地侮辱猥亵人群中的女性；真人秀节目《诱惑岛》“整个情节是通过引诱同伴与其富有性感的异性伙伴去偷情，数以百万人去窥视而获得性刺激，以此去考验和破坏人们真实的生活关系”②；现实人际关系隐藏或偶尔外露的“艾克化”③（该书提及的乌干达的一个民族艾克人的生活方式，表现为了个人的生存不顾及其他任何人，包括父母、家人）在纪实电视中得以放大，“想办法去欺骗并且最终干掉你周围的任何人”④。该书对于“美国梦”显然是质疑的，也提及德莱塞的著名小说《美国

① 〔美〕查尔斯·德伯：《疯狂的美国：贪婪、暴力、新的美国梦》，何江胜、何烨、相华利译，社会科学文献出版社，2005，第 26 页。

② 〔美〕查尔斯·德伯：《疯狂的美国：贪婪、暴力、新的美国梦》，何江胜、何烨、相华利译，社会科学文献出版社，2005，第 93 页。

③ 〔美〕查尔斯·德伯：《疯狂的美国：贪婪、暴力、新的美国梦》，何江胜、何烨、相华利译，社会科学文献出版社，2005，第 9～14 页。

④ 〔美〕查尔斯·德伯：《疯狂的美国：贪婪、暴力、新的美国梦》，何江胜、何烨、相华利译，社会科学文献出版社，2005，第 94 页。

悲剧》。

　　我见到纽约鳞次栉比、高耸入云的摩天大楼，也见到亚特兰大灰狗站（Greyhound，长途巴士，又名灰狗巴士，是美国跨城市的长途商营巴士，见图2）和中国国内节假日返乡农民工差距不大的灰狗乘客，他们拖着大包小包，手拿着面包、简单的三明治一边吃一边排队上车，候车室飘散着食物、汗水、小孩排泄物等的混合味道。当佛罗里达遭遇飓风Matthew的时候，我在紧邻佛州的街头遇到以难民的名义伸手乞讨的人。"美国穷人过着第三世界的生活，而影视媒体却充斥着第一世界的梦想。"① 这些都是美国景观的重要组成。

图2　亚特兰大灰狗站候车室内

---

　　① 〔美〕查尔斯·德伯：《疯狂的美国：贪梦、暴力、新的美国梦》，何江胜、何烨、相华利译，社会科学文献出版社，2005，第101页。

"在第一次世界大战期间，美国最有影响力的外交使者之一就是查理·卓别林。""第二次世界大战爆发的时候，米老鼠和唐老鸭引导着迪斯尼外交将美国的价值观传播到全世界。"① 美国景观在外国人眼中整体上是迷人的，也使得许多国家效仿。制造景观的能力是软实力的重要组成。美国人约瑟夫·奈将软实力定义为"在国际事务中运用媚惑替代胁迫实现所渴望结果的能力"②。美国国际形象的打造、价值观的输出，得益于景观的输出。"1901 年，英国记者威廉·斯特德写了一本书，书名十分有预见性：《全世界的美国化》。"③ 全球化时代，尽管美国也会受到其他国家文化的影响，但美国以硬实力为基础的软实力对世界的影响更为强势。世界已进入以信息化为主的时代，冷兵器时代的罗马帝国曾雄霸西方，美国本土及其他国家的研究者都有人乐于将美国在现代社会的影响和曾经的罗马相提并论。兹比格纽·布热津斯基在他的著作《大棋局》中把美国描绘为一个新生的中世纪神圣罗马帝国，④ 德国人本德尔将著作命名为《美国：新的

① 〔加拿大〕马修·弗雷泽：《软实力：美国电影、流行乐、电视和快餐的全球统治》，刘满贵等译，新华出版社，2005，第 1 页。

② 〔加拿大〕马修·弗雷泽：《软实力：美国电影、流行乐、电视和快餐的全球统治》，刘满贵等译，新华出版社，2005，第 3 页。

③ 〔加拿大〕马修·弗雷泽：《软实力：美国电影、流行乐、电视和快餐的全球统治》，刘满贵等译，新华出版社，2005，第 14 页。

④ 〔美〕兹比格纽·布热津斯基：《大棋局——美国的首要地位及其地缘战略》，中国国际问题研究所译，上海人民出版社，1998。

罗马》①。

大多数美国人特别是白人看上去温文尔雅，容易让外国人认为他们很友好。我写作此段的时间正值中国女学者章莹颖在美失踪。FBI破案期间，令人大跌眼镜也更不安的是嫌犯克里斯滕森为与章同一所大学的在读博士、助教、白人，② 通常被认为是不会犯罪的一类人。加上美国允许私人持枪，此事件对中国家长来说，可能会使他们在考虑将孩子送到美国时更加谨慎。

控枪还是允许持枪，美国社会内部一直争论不休，一般有重大枪击案发生时或总统竞选期间，此话题将又一次热起来。总统竞选可以预计，但枪击案则很难预测，同时又高频发生。《2016年美国的人权纪录》表明，这一年美国共发生枪击事件58125起，共造成15039人死亡。"史上最严重的枪击事件"相关数据也在不断被刷新，2016年6月12日，一名持枪者在奥兰多一家夜总会内开枪，造成50人死亡，53人受伤，这是美国历史上发生的最严重的枪击事件。③ 本书还没有完结，2017年美国时间10月1日拉斯维加斯枪击案重写了"史上最严重"——59人死亡，500余人受伤。④

这些血淋淋的数据并不能阻止美国人的购枪、藏枪热情。面对治安恶化，很多人更坚定地认为最有效的自保方式是自己持有

---

① 〔德〕本德尔：《美国：新的罗马》，夏静译，中央编译出版社，2005。

② 《章莹颖案之后，美国校园还安全吗？》，http：//news. 163. com/17/0712/05/CP4DKSM400018AOP. html。

③ 《〈2016美国人权纪录〉发布　全年枪击事件近6万起》，ht-tp：//www. jiemian. com/article/1160903. html。

④ 《拉斯维加斯枪击案致59人死亡　系美国史上最严重》，ht-tps：//news. qq. com/a/20171008/033224. htm。

武器并能有效地使用，越是居住在治安糟糕的地方的人越坚持这个观点，比如"罪恶之城"芝加哥的居民。美国人的自治精神让他们不太信任公权力，在很多人看来，等着警察来解救，基本死路一条；同时也认可用人性的"以恶抗恶"才能保护良善。

单凭上面的数据，恐怕就让胆小者在美利坚面前却步了。但我在美国南部乡间生活几个月，虽然期间还发生了一起夜半校园枪响事件（没有伤人）、一起学生在镇上出租屋附近被枪杀致死的事件，也参观过几个家庭的藏枪以及认识了几个车内放枪的美国人，总体感觉还是安全的。

新闻媒体上美国的枪支管理有越来越失控的趋势。另一个在中国除了澳门特别行政区其他地方严令禁止的活动，那就是赌博。赌博的合法化造就了"沙漠之城"拉斯维加斯，可能也使部分人以为美国只有拉斯维加斯赌博合法。到美国时间长一点，我始知美国半数以上的州都将赌博合法化，很多地方的特色旅游都包括赌场一游，后来更知道一些州的赌场设立仅限于印第安人聚居区，只允许印第安人开设赌场，这是以白人为主的主流社会对于曾经被杀戮、驱逐的印第安人的后代的集体补偿，其他族群无异议。有少数人士站在印第安人的立场，纠结这是否真的利于印第安人、印第安社会的发展，这种非高水平、垄断性专属经营会不会导致印第安人安于现状，或者造成印第安社会内部的矛盾。

美国目前的种族问题主要还是表现为白人、黑人两大族群的冲突，近年拉丁裔增长迅速，亚裔所占比例不高但增长也较快，特别是中国移民。这片土地上生活时间最长、最古老的印第安人在美国社会中基本悄无声息，是沉默的少数。多种族群聚居的美国免不了各种程度的种族矛盾与冲突，这也是美国社会的一种特殊景观，放在欧洲被难民问题搅得不复安宁的国际背景下，美国对于多族群聚居问题的处理已经有两百余年的历史，经验教训值得借鉴。

身份：中国人在美国

要深入了解一个国家、一个地方，除了在该国、该地实地考察、生活之外，还要远距离的审视，对于我来说，此次美国之行便是这样一次难得的审视机会。作为一个人文学者，突然离开祖国、家庭以及供职的单位组织，在异国而且是一般意义上最强势的异国，首先面临的问题是对自己身份的思考。

在中国，我是一名大学教师、职业女性、母亲，处于各种各样的亲属、朋友关系网中。我以为无论在社会层面还是个人感受层面，都足够稳固。一夜飞行降落在美国，我也就从各种各样的关系中剥离开来，如同一片落叶，感觉有些惶恐也有些荒谬。曾经阅读过的现代作家的小说，特别是当年留日学生郁达夫小说中的"零余人"形象引发的若干情结竟然浮现于脑海中；待看到校园里数量惊人的中国学生，又缓过神来：我是 21 世纪的中国人，是 GDP 世界第二的中国的公民！

全球化时代，人们没有到美国可能已经品尝到美式快餐麦当劳、肯德基，已经观看过好莱坞电影，从小学甚至幼儿园开始学习美国人的主要语言英语，穿阿迪达斯和耐克……日常生活层面的全球化基本表现为强势的西方化、美国化。2016 年是"中美旅行年"，中国人到美国旅行人数再创新高。[①] 美国名气稍大的旅游

---

① 《2016"中美旅游年"落幕　美国来华 166 万人次》，http：//www.china.com.cn/travel/txt/2017 - 01/09/content_40063409.htm。

景点几乎都能看到中国游客的身影，在那些驰名海外的景点的感受如同在中国国内的景点旅游：目及之处尽是同胞，耳闻全是乡音。无论跟团还是自由行，来美国旅游都是自己的选择，按照美元对人民币的汇率、入美签证的苛刻条件，能来者收入自然不低，如果按照阶层理论，都至少可以划分到中国中产阶级或准中产阶级阵营。大多数游客回国都会携带大包小包的行李，装着满满的美国货，这种行为看似是以个人方式、个人之力完成了一次全球化的实践。

中国游客在美国及其他国家多地扫货已成为崛起的中国的公民制造的一道奇异的全球性风景，吊诡的是，收入囊中的货物，相当部分还是"Made in China"（中国制造）。我遇到过当地售货员、美国本土学生、其他外国游客，被以不怀好意的语气问道："为什么你们中国制造的东西都很便宜啊？"iPhone 7 全球发布会对外宣布将要召开之时，留学生就有嗅到商机者询问要做第一批使用 iPhone 7 的人，有没有需要帮忙的，他们可以收费代排队。"美国制造"和"中国制造"在国际上待遇的差异甚大。后来又看到日本车、韩国车在美国市场的占有量，我想到了张旭东的论断："参与'全球化'有主动和被动之分。从被动者角度，人们看到的往往是一个'客观'的、'普遍'的趋势，一种新的国际性文化；但从主动者的角度看，它却总是服从于特定集团的利益和价值观，总带有现实的、具体的、政治性的考虑。从根本上说，全球化是资本主义生产体系在新的历史条件和技术条件下所作的新一轮合理化调配。"①

---

① 张洁宇：《代序 我们今天怎样做中国人——"全球化"时代的文化反思》，转引自张旭东《全球化时代的文化认同：西方普遍主义话语的历史批判》，北京大学出版社，2006。

　　回到小我，一直深爱"舞文弄墨"的我貌似被这次远行唤醒了被论文、科研折腾得几乎忘却的"文字游戏"，写作欲望的强烈让我近乎再次发现汉语之美。我经历了在异国文化环境中的文化初始期、蜜月期、震撼期，可惜还没有正式到达恢复期就回国了。我认识了华人圈子中的各色人等，留学者、已毕业待业者、新移民、移民多年者……他们多数以各种方式表达了对于美国的喜爱，其中不乏毫不忌讳地赞同美国任何事物的"哈美"一族。有人表示无论以何种方式，一定要留在美国，哪怕是"黑"在美国。我以为这样的情结不一定因为他多么喜欢美国或者不喜欢中国，他们的情况和在国内选择"逃离北上广"还是"死也要死在北上广"很相似，很可能是中国人莫名的"面子"观作祟，觉得回国意味着一种失败，自己包括家人丢不起这个人。留学生圈子的学业、爱情、生活所包含的挣扎与愤怒，有身在异国的独特原因，普遍原因则是阅历太浅。无论哪种情况，郁达夫等人"弱国子民"情结越来越远，全球化时代个体化的飘零感、无政府主义思想正成为身在异国者身陷精神困境的根源作用。

　　中国国内媒体上，美国对待中国的主体态度是各种明摆的不友好或暗藏心机。2016年美国总统大选，特朗普、希拉里都把假如胜出将如何对待中国作为竞选中的一项必须向选民阐释的内容，而无论民主党还是共和党胜出，对待中国都不会手软。我依照流程参观了亚特兰大CNN总部的部分开放空间，在行程的最后，导游安排游客在播映厅看了一段表现CNN作为全球性媒体帝国的视频。视频的最后一组画面是关于1989年春夏之交的政治风波的，让我这样一个对政治其实不是很关心的专业人士心生愤怒：作为一个以时效性、事实性新闻闻名的全球性传播机构，27年来中国大地上发生了巨大的变化，但是CNN选择性视而不见。

任何一个国家都有非常时刻，CNN 有意挑选负面性的画面，试图将来自世界各地的参观者的印象定格在 1989 年。我将这个事件连同自己的情绪讲述给一位六十岁左右的美国教授，他表示很吃惊，他认为很多美国人对中国、中国人其实很友好，不会那样别有用心。对他的话，我半信半疑。

我后来凑热闹旁听了一次华人教会的宣讲活动。一对曾经在北京的白人老夫妇，老头儿是传教士，老太太到台上讲起 20 世纪 80 年代末她在北京目睹的情况。举例说她遇到的一个女学生皈依了上帝，作为传教士讲类似的事件是分内之事，但她不停在其中加入对中国政府的意见，让我十分生气，说实话她的言论也让人有些不解：传教士的目的是让受众信教，而听众中的中国留学生大多都是 25 岁以下的出生于 1991 年后的年轻人，对出生前几年的事情完全没有切身感受。老太太讲得自己流泪，听众席上毫无共鸣者或者只有像我这样的十分反感者。更让我心生愤怒的是翻译者，这是一个在中国国内上完本科，在美国读完硕、博士并留下工作的大学女教师，她同声翻译老太太并不复杂的英文讲述，无论老太太讲述的是对中国人或是中国政府不切实际的负面信息，还是别的内容，她都面带微笑，好像所有事件与己无关，微笑中甚至还掺杂幸灾乐祸，我愤而离场。是她这种面对世界唯一超级大国无法彻底抛舍骨子里的"弱国子民"般的弱者心态使我生气，还是仅仅对此老师的行为反感？可以肯定一点，我无法忍受拿几十年前的陈芝麻烂谷子说事。此事也从一个角度反映了在美国的华人身份及其价值取向的复杂性。

虽然在白人、黑人、拉丁等族裔看来，华人、日裔、韩裔长得一样，亚裔都差不多，实际情况每个族裔情况都很复杂。在美国的华人未必像在国内的中国人想象的那样在异国他乡紧抱一团地生活。刚来美国就被告知华人内部的鄙视链大抵可以这样：公民看不上只有绿卡的，有绿卡的看不上没有绿卡的，来得久的看不上刚来的，刚来的看不起在国内的……专栏作家荣筱箐著文《美国华人生存之道：抱团还是互骗》提及美国知名学者和社会活动家吴华扬对华裔（亚裔）社区的认识："这个社区已经长大了很多，现在亚裔社区包括那些从亚洲国家被领养来美国的孩子、那些混血儿、那些新移民、那些第六代移民，那些在中美之间飞来飞去的人，那些从来没有到过亚洲的人。希望这样一个多元的群体能够意见一致是不现实的。""这次的焦点不是亚裔分支族群之间的龃龉，而是在美国出生或长大的华人跟来自中国大陆的新一代华人之间的隔阂。"① 随着中国大陆经济的腾飞，移民到美国可以炫富的新一代华人和依靠体力辛勤完成原始积累的老移民在生活方式、价值观念、对待美国主流社会的态度和实际行为上都有很大差异。

我主要居住在南部，不是西海岸或者东海岸，所遇到的华人中似乎也没有富二代一类。我无意也不太有实力就美国国内的华人群体展开深入探讨，但明了一点：一个国家的状况不但影响国民去异国旅游、经商等，也会影响到该国已经移民到其他国家的人的生存状况。

关于本书的写作

本书的写作源于一个朋友的戏言："去一趟美国，不写个日

---

① 《美国华人生存之道：抱团还是互骗》，http://dajia.qq.com/original/category/rxq170628.html。

记啥的留作纪念?"于是,笔者开始记叙接下来生活中发生的,并努力回忆已经经历过的事情。这个过程比较简单,顶多如同初中学生写作记叙文,一边游一边写,在旅途中遇到越来越多的中国游客之后,逐渐觉得这种写作方式仅仅表达了我个人的感受。在中国每年出境游人数逾亿的庞大数据下,这些文字有井底之蛙乍跳出来大开视野的感觉,毕竟这是距离"开眼看世界"第一代人太久远的二十一世纪。期间也读过只是记叙旅程见闻的著作,作者兴高采烈地呈现自己以为新鲜的事实,不管读者的也许不以为然:"我都看到 N 次了。"出于一定的虚荣和一个普通学人些许的执拗,我努力在碎片式的只与事实相关的文字陈述之外,探究美国之行的深意。专业背景使我很容易想到媒体上的美国和美国的媒体。到美国之前,大多数人知晓的美国都是通过媒体,此处的媒体包括了新闻传播媒体、影视剧、艺术创作等一切呈现美国一斑或多方面的,具有使受众了解美国的媒介。无论怎样的镜花水月,每个人心目中都有一个自己的美国,待到亲历现场,镜花水月遇到真情实景,当有多么强烈的感受?我想通过自己瞠目结舌的讶异或者蓦然回首般了然的体验,加上一定的思考,将个人化的感受转化为有一定公共价值的文字,而不仅限于"我至,我见,我走了"。后文中,我将列举去美之前通过看到的某个新闻、某部影视剧或其他方式留下的印象,与在美国事实上所见所感所思进行比较。此种比较没有学术意义上的严格,经常只是一瞬间触发想起过往相关的点滴,或者是苦苦的追索:"以前在什么地方了解过一点相关资料?"这不但使得本书的写作断断续续,也使其总体上有些"四不像",论文、游记、散文的风格都有。我以为,阅读的意义在于获得新知的愉快和引起共鸣的畅然,无关乎书的归属是否纯粹,这样介于学术、游记、散文之间的书写样态，或许能更好地引起互联网时代不拘形式、讲究个性的读者的兴趣。

日子如白驹过隙。美国之行引发的寝食难安或兴高采烈已经远去，成为生命历程中的一次小点缀。我偏安于有"春城"美誉的中国西南的高原之城——昆明，这个对很多中国人来说意味着旅游胜地的地方，有飞虎队的遗址、史迪威公路，甚至昆明方言里还有二战时期美国大兵留下的英文痕迹。对一个地方来说，一段历史不会真的销声匿迹；对一个人来说，同样如此。亲临美国推翻了我之前很多对美国自以为是的看法，这种感觉时而伴随挫败感，时而又有发现之趣。不敢说我比以前更懂美国，但可以说了解得更多一些；不敢说更明白中国在这颗星球上的位置，但可以说在比较之下对一个国家在这个世界上如何良好运行多了些理性思考。美国之于我仍然还是有镜中花、水中月般的迷离，这迷离中的轮廓主要来自对现实的直接体会、媒体的间接经验，以及包括阅读、听闻等信息获取方式引发的思考与想象。我以为这轮廓既有个人的经验价值，也有一定供人参考与思索的公共意义。

第一章

日常生活的观察与想象

解读美国

现实、媒介与省思

一 大叔、大妈和服务业：关于"服务"的思考①

无论什么人以什么身份来美国，来之前都会不同程度地看一些资料，增加对这个成天在新闻上露脸、耳朵都听起了茧子但其实很陌生的国度的了解。我并没有充分准备，只看了几小本中英文放在一起介绍美国的书，又因为要去南方，找来了画质只能勉强看清的电影《情归阿拉巴马》草草领略了一遍，对此行将常驻的地方有了一点印象：与繁华、国际化没有太多关系，但也不同于"小桥流水人家"的乡村中国情调。同时牢记到过美国的朋友的叮嘱："记得给小费，咱们中国人没有给小费的习惯，有时不但换来别人的白眼，还可能真的给自己带来坏处，比如在餐馆往你的碗里放点啥，在旅馆在你的床上搞点啥。"于是，在银行兑换上千美元的同时，也拿走若干零钞。

观看过一定数量的美国电影和电视剧的中国观众对于《曼哈顿女佣》《灰姑娘的玻璃手机》《美国空姐》等电影和《欲海情魔》《破产姐妹》等电视剧中漂亮性感的女性招待、服务人员应该有一定的印象。在不是以女性服务人员为主角的美国影视剧中，她们出现的频率更高。这也是契合好莱坞商业逻辑的设置，相当好地迎合了男女观众的银幕期待。男性观众以为可以无所顾忌地欣赏银幕（荧屏）美女。对于女性观众来说，这些影视剧的

① 参见李晓峰、漆美峰《中国和美国服务业出口竞争力比较分析》，《国际商务研究》2013 年第 3 期；张蕊《美国服务业发展经验及对我国的启示》，《对外经贸》2012 年第 1 期；尹伟华《中、美两国服务业国际竞争力比较分析——基于全球价值链视角的研究》，《上海经济研究》2015 年第 12 期。

故事文本很多都是灰姑娘故事的变形，除了对于作为同性的女性影星美丽外在的欣赏之外，也将很多普通女性梦寐以求的水晶鞋给故事里的灰姑娘穿上了，帮助观众完成了白日梦。看多了这样虚拟的故事，对于没有实地经历的人来说，很容易混淆影像与现实，忘记了那只是梦工厂设置的场景。

从北京 T3 航站楼登上即将穿越太平洋上空的飞机，皱纹毫不掩饰地布在脸上、身材也尽显中年样态的美国空姐（应该叫大姐甚至大妈）让我小小地吃惊了一下。坐多了国内航班，看惯了国内航班各种青春靓丽的空姐的脸蛋，一下真挺难适应。后来在美国国内坐了几次飞机，飞机上基本都是四十岁甚至五十岁以上的大龄空姐作为空乘服务工作人员，或者干脆没有专门的服务人员。曾在美国国内乘坐两个中小型城市之间的飞机，配合演示航空安全应急处理的人员估计是飞行员或者辅助飞行员一类的重要人物兼任，那是一个略微秃顶的中年男士，他站在机舱中间，一一拿着安全带、救生衣、氧气面罩等物件在广播语音的提示下，向乘客展示如何自救，完毕后又赶紧跑回前面的驾驶舱里。

美国是飞机的发明国，广袤的土地使得飞机成为人们日常生活中仅次于汽车的主要交通工具。飞机上的服务也就如同汽车的相关服务一样，不会因其在天上就要显出某种优越，或者从另一种角度来说，其优越正是通过经过岁月历练的人来为你服务体现出来的。我不知道哪种猜测更符合实际情况，但以此反观国内各种带服务色彩的岗位，或许可以重新审视一下我们的用人方式：外貌、年龄在各种带有"窗口"性质的岗位上受到过度重视已经成为习惯。而经过岁月沉淀的美只有在沉静的心态下才能感受到。改革开放以来中国所经历的漫长转型至今还没完成。很多人的个人生活在经济环境急剧变化的大环境下也如同过山车，年轻女孩丰满弹性的肉体、敏锐直接的言行更和此种社会文化背景贴近。美国社会也经历了类似年代，2013年莱昂纳多主演的《了不起的盖茨比》尽情渲染出以向自然攫取等手段积累财富的20世纪30年代经济高速上升时期的美国社会纸醉金迷的感觉，纨绔子弟汤姆虽然迎娶了优雅的黛茜，却更迷恋极具挑逗性的肉感情妇。

中年人的服务有让时间慢下来的感觉，或者有减淡被服务对象面对时间消逝的紧迫感。我是一个对化妆等所谓女性时间、化妆品等女性用品完全不上心的人。这种态度既因不拘泥小节的天性，也因国内销售化妆品的地方让我感觉不舒服。那些销售化妆品的妙龄女郎，对于前来看上去不精于此道的同性，态度多半感觉不那么友好，她们经过修饰后的容颜极美但也淡化了人间气，使得我这样的女人看见了不是自觉凑上去寻求变身之道，而是远远地就想逃。她们的出现有时逼迫着顾客审视自己的容颜之陋，何况周遭社会正值随处不离"颜值""眼球"的年代。

在美国南部这个小小的州府城市最高大上的商场里，我第一次看到年过五旬的阿姨在化妆品专柜当值。她穿着白大褂，带着秀气的金边眼镜。头发不知是本来灰白还是被时间洗白了，然而打理得干净利落。妆容很齐整，但不张扬。笔者初来乍到，对各种化妆品的英文单词也不熟悉，时不时还要掏出手机上的电子词典查一下，我请她建议一下买什么合适。阿姨让我坐在板凳上，帮忙在脸上捯饬起来，每完成一个步骤，拿镜子给我看。纵向看，有一定的提升，但要根本性改变本来就是不可能的事情。但是当我看镜子时，阿姨的脸经常也作为背景出现在镜子里，说实话这种对比让我很有信心，因为笔者虽然年纪已经三十有余，毕竟还没有到四十，黄种人又普遍比白种人经得住老，于是很愉快的交钱走人。销售策略也好，出于对顾客的尊重也罢，一次愉快的购物体验说不上对人生有多大改变，但一定会迎来多次回头客。

费孝通在《乡土中国》写到"长老统治"；鲁迅借狂人之口疾呼"救救孩子"，梁启超之"少年中国说"的慷慨激昂至今仍回响；红卫兵、造反派，红色激进文化也是年轻人冲锋陷阵；改革开放从特区开始，年轻人激活了南方的热土；公务员队伍推进专业化与年轻化……文化的"弑父"、政治和经济对推新的鼓励都加剧了中国现实的青年化或者准青年化，或许这也不是真正的青年化，是"伪青年化"，可能带来任性、冲动、莽撞、无政府主义。

如果是文化艺术类的展览，由中老年人充当服务人员或者有一定服务功能的工作人员，即使是一次十分现代派的展出，也无形中增加了其厚重感。我在圣地亚哥巴尔博亚公园一个展览了部分油画的场馆里看到，从进门就是清一色五十岁以上的大叔大爷接待游客，帮忙存包，提醒要注意地上的台阶，他们穿着浅灰色西装，打着暗红色领带，戴着白手套，齐整的白发，高大挺直的身量，搭配因年龄更显深邃的眼神，和展厅里以古典绘画为主的基调十分吻合。

一些想象中帅哥辣妹多的场合有的也是中年人居多。在赌城拉斯维加斯，我完全不懂规则，对赌博本身没有兴趣，也没有真正上去玩一把，但曾在多个赌场穿梭数次。拉斯维加斯的多处户外广告显示着人生赢家的样子：在赌场左拥右抱性感美女。不知是我在赌场行走的时间太早还是那几天真没有大赢家，所到之处较为安静，为全球各地到来的赌客服务的人员极少年轻面孔，目测多在三十五岁以上，无论老虎机、扑克牌桌还是各种转动的轮盘前，其服务人员均不年轻。拉斯维加斯属于从 20 世纪 30 年代初赌博业就合法化的内华达州，经过多年的经营，赌场的管理、衍生产品的开发都具有世界一流的水平，但作为人类古老的职业之一，赌博者的心态并不会随着时间的流逝而改变太多，大致分为游戏型、投机型、孤注一掷型等。赌博的魅力就在于短时间里经历穷光蛋或百万甚至千万富翁的巅峰体验，数个赌博者组成的赌场的秩序维持既需要外力如安保、各种后勤服务，也需要人性的洞察力和对人性关怀底线的坚守。赌具旁边的服务人员兼具多种作用，涉世未深的青年难以胜任。

美国的快餐文化世界闻名，不只在美国国内十分普及，连锁店还开到了全球数个国家。快餐店看不到大叔大妈的身影，更多的快餐店除了买单的时候无人服务，很多都要求用餐者自己将一次性餐具或者纸质包装收拾干净了离开。餐饮业包括酒吧等的服务人员仍然主打年轻人。这些女孩男孩面带微笑快乐地跑来跑去，一会儿又跑来问："All things are OK？"（一切都好吗？）其中小费的作用自然不能低估，但微笑服务也基本成为他们的一种下意识。这种下意识有时会让本来不满意的被服务者有拳头打在棉花上的感觉。

在美国期间，我经历了一次陪朋友医院生产的经历。这是一个相当于在中国县城的医院，邻近几个县就这里有产科。我去照顾时已经是生产的第二天，白天太阳从窗户照进产房里，暖洋洋的没有异样感觉，到了晚上就凉快起来。长期在美国生活的人习惯了空调开着很低的温度，但我们不习惯，何况还有产妇和新生儿，连续试了几次，空调温度还是停留在 73 华氏度，找来一位年纪比较大了的护士，护士也尝试了两次，还是不行，她笑眯眯地说再等一下。我们只好等着，过了半小时，还是不行，只好又去找她，她仍然微笑着摊开手："我不知道什么原因。"这时已经晚上十点半，如果在国内，我想有充分的理由向医护人员要个说法甚至吵起来，但是在这里，我们只好带着"人在屋檐下，不得不低头"的委屈，向护士又要了一条毛巾被，但朋友还是觉得孩子会冻着。我就去跟护士要求能否换个房间，能把温度升高的房间。她还是笑眯眯地答应，随后也告诉我有两间病房已经把空调调到我们需要的温度了。不知道那晚上是不是所有的空调都坏了或者是中央调节气温的装置出了故障，三间病房的温度最后都没有升起来。护士站的人，无论什么时候我去询问，都是笑眯眯地说："Sorry，sorry。"房间随便换，空调随便调或者吩咐她们调，但都没有得到想要的效果。我们也不知道该怎么办，熬过了一个对产妇来说应该是终生难忘的漫漫长夜。

语言、文化的隔阂，对美国医疗管理体系的不了解，加剧了我们在困境面前的无力感，但另一方面，护士的态度始终是微笑和积极的，这在一定程度上安抚了我们的心。

除了大叔大妈带来的新鲜感，在中国我们习以为常的快速服务，如超快的快递服务、在宾馆酒店随叫随到的个人服务，美国却享受不到。我在美国网购数次，从开始急不可待到悠着等，到后来坚信只要回国前能收到货就可以，被迫接受现实，但还是不习惯很多快递公司如果退货的话不会免费上门取件。我最啼笑皆非的一次快递经历，是买了一条裙子发现不合适，就自己拿到邮局去退货了，结果等了一个半月才在网上查到送到的发货处，竟然是广州的一家公司。一个半月时间里，只有最后不足一个星期在中国国内行走，其他时间这条不合适的裙子就慢慢地从美国南部飘到中部、西部，然后东渡太平洋。我的这次购物经历成为公寓楼的笑话，也使我在后来的购物中养成看看货从哪里来的习惯。人工成本高的美国快递费折算下来自然也不是小数目。几次住旅馆的经历也使得我难以感受到"顾客是上帝"，从登记入住开始，就没有人来打扰，但是任何问题，比如水龙头有问题、没有咖啡之类，服务人员都来得较慢或者迟迟没有回音。

我很纳闷：我们的服务理念不是从西方学来的吗，怎么来到原生国反倒没有"上帝"的感觉了呢？带着这个问题看了几篇研究美国服务业或中美服务业比较的文章，部分明了了此服务业非彼服务业。服务业分为传统服务业和现代服务业，上面所描述的是传统服务业，包括餐饮、旅游、酒店等。自 2010 年开始，美国服务业在 GDP 中所占的比重高达 80% 以上，但主要指"按需服务业""定制服务业"。研究者将中美服务业比较的具体项目分为批发零售、交通仓储、信息产业、金融保险、房地产业、租赁和商业服务、教育医疗社会救助、娱乐住宿餐饮、政府及其他服务。我们通常理解的娱乐、住宿、餐饮只占其中很小的份额，而且在美国的 GDP 中自 20 世纪 60 年代到如今占比都不高。而教育、医疗、社会救助服务半个世纪以来在 GDP 中比重有较大提高，这也是很多国家的移民对美国趋之若鹜的重要原因。

全球化时代之"全球"很多针对的是服务业的全球化，一个国家的服务业出口竞争力对其影响力和实际的外汇收入有重要意义。研究者对于中、美两国服务业净出口额、服务业出口国际市场占有率、服务业贸易竞争优势指数和服务贸易显性比较优势四个方面进行比较，得出结论是：在技术密集型服务业上，美国比中国有明显的优势，中国在传统服务业和旅游业上的出口竞争力在逐渐减弱，让人欣慰的是中国技术密集型服务业的出口竞争力在增强。

通常意义上我们理解的服务是传统、低端服务，甚至有人称之为"让别人做你懒得做的事情"；美国发达的服务业所指的服务是高端服务，有人简称为"你想做但做不了的事情"。在国际市场中，这种高、低端服务业分布的区域，所获得的效益差距明显。比如在美国你想生产一种产品，你可以咨询各种各样的公司，分析、设计、制定标准、规划生产线，把这个东西的生产过程全部了解了，然后在全世界范围内找生产商。就当下来说，作为"世界工厂"的中国和其他一些发展中国家都承担了美国服务业的最后执行者。这种以高端服务为主导的全球化格局中的低端服务者，基本没有技术含量。一个初中生经过短时间培训，就能胜任在富士康的 iPhone 手机生产流水线上一个环节的工作，其所需要的技术储备甚至不及传统制造业中的钳工、车工，也不及缝纫工人。我在美国特别在 T 大学所属的南方地区看到满大街的日本车和数量不少的韩国车，而在所有大小商店都能看到技术含量偏低、劳动密集型"中国制造"的各种生活用品。老实说，这种现象很容易让人产生这样的冲动："我们一定要努力，制造高端产品让美国人愿意使用。"我遇到的少数人，既有美国本土的，也有来美国旅行的欧洲人，有一次就遇到了两个保加利亚的留学生，他们问："为什么那么多中国制造，而且还便宜？"我拿不准他们是真的不知道原因，来一探究竟，还是故意把这种现象当作笑话。在跟他们讲完中国人口红利带来的"中国制造"之余，我都会加上中国正在经历经济转型——从劳动密集型制造业转向技术密集型，这种转型既是发展的需要，也是现实的需要，人口红利时代已经过去了。

对于一个旅居在外的人来说，高端服务需求量很小，更多的是日常生活的服务。我以为如果要抱着寻找个人享受极致体验的目的来到美国，恐怕会失望，或者说这样的机会和场所不容易找到，如果一定要找，去旅游业十分发达的泰国、迪拜等地寻找可能更容易。或许有人认为，高端服务和日常生活的服务并不矛盾啊，为什么现实生活中美国的餐饮、快递、旅馆等生活服务这么懈怠呢？人力成本的高昂是很重要的原因。这些岗位基本都要靠人用体力完成，而真正的美国公民的人力十分昂贵。这些老有所养的人工作起来并不那么积极，很难找到中国国内几乎任何一个快递点都极守时勤快的快递小哥。幸好美国还有若干暂居者或非法移民，否则可能这样的日常生活服务更糟糕。是不是到了某一天，中国也这样，愿意从事低端服务的人很少，人们只好忍受慢悠悠、随性的服务？

二　生活中的历史与生活在历史中：
日常生活中的历史显影

相比五千年的中华文明，美国的历史短得只有中华文明的零头。近年来随着经济的发展和人们消费观念的转变，中国人的身影几乎在全世界任何较有名气的地点都能看到，但部分中国游客在景点的不文明行为特别是对历史景点的破坏也屡屡遭到国内外媒体的曝光。没有走出国门的中国人对历史真正有敬畏之心的也不多，从某些级别不低的行政单位到一个家庭对于改造或者推倒历史古迹的谨慎都不够，大概这也是"拥有了不知道珍惜"的心态使然。

而只有200多年建国史的美国人，在我接触的范围里，按照财产、受教育程度，以中产阶级为主，他们对历史的态度极其谨慎，有一种保存历史的自觉。

小镇的历史

留学生都把远离大城市的大学称为在"美国大农村"的大学。我所在的美国南部小镇，因为经济和政治文化中心分离的惯例，呈现小镇历史的政治文化中心的 Downtown 实在小得可怜，小小的一圈房子，中间耸立着一个塑像，塑像的底座清楚写明其修建于 1824 年，或许小镇的历史就开始于这一年，但小镇的每一个建筑物几乎都在无言地诉说着百余年的历史。久居镇上的人都能跟你讲述每栋建筑的故事。小镇的旧货商店最有特色，两层楼满满地放置着各种物品，除了食物，其他生活用品几乎都有，家具、饰品、衣物、唱片、书、工具……每次到达，总有人在买，一个怀旧商店就是当地的活历史。此店为家族经营，门边墙上就有老板的爷爷、父亲两代人的照片，紧挨着照片，固定在墙上的是已经不能照明的电灯，它是该镇历史上第一盏电灯。

大学附近的建筑，数十家教堂是最显眼的，即使一个小镇，镇上最早的教堂比镇兴起的时间要早。教堂一般是当地最漂亮最有风格的建筑。小镇也赶集，在 Downtown 的小广场支起小摊，卖蔬菜、水果、蜂蜜、奶酪。镇上有个类似于管理处的机构，但非官方机构，T 大学的 S 老师带我们前去拜访，负责接待的女士给我们看了好些资料，看得见的公共建筑和稍微年代久一些的民宅都有一段长长的介绍。每栋房子都是有生命的。陈列室里，这些眼前看似普通的建筑——每个阶段都有照片，比如镇上叫约翰逊艺术中心的建筑，第一次开工之前、初次建设完毕、翻新——每个阶段都有黑白和彩色照片放在墙上，建筑因此有了生命。

初到 T 大学，我发现校园里每栋建筑都有名字，在显眼的地方刻着建筑的名字和建设时间，后来我在其他地方也看见过刻着名字的建筑。镌刻之时，便是该建筑进入历史的时间。无论多少年后，每一个参观者毫不费力就可以看到这个建筑在世间的寿命，当然也会给初来者带来困惑：名字不能表明它的功用，如果要找一个学院、一个办公室，煞费工夫。

在大学附近的民宅，S 先生带着我们逐一参观，几乎每栋建筑他都能说出房主的故事。有一家的院子里有坟墓，那是主人的女儿早逝，父母很舍不得，就把女儿葬在院子里，这样就能让她一直在家；有一家房子的风格明显和其他家不同，S 说主人是从别州搬来的，房子保留了那个州的建筑风格；有一家房子很破，S 说他家估计经济条件不太好，子女去远方工作了，父母去世了房子没有人管；有一家挂着枫叶旗，主人从加拿大搬来的……

在国内接触到的人和资料都告诉我们美国人极其注重隐私，对别人家的事不闻不问，我的这种印象在到美国一段时间后有所改观：在一个地方生活时间长了，特别是小地方，人情世故、别人的家长里短，都会有所了解。当然，S 先生在介绍时几乎没有添加任何评价，只是作事实性的讲述。

N 先生家的照片墙和老报纸

N 先生在镇上盖了三层小楼，带着一个大草坪，尽管总体造价拿到中国国内顶不上在二线城市买个两室一厅，仍然是我在这里看到的内饰最为讲究的庭院。N 先生家称得上实用价值和象征价值紧密结合的范例。一楼偌大的工具房，摆满了各种口径的电钻、刨床、电锯以及手工使用的木匠工具，专业木匠未必有他的齐全。他并非只看不练，亲手制作的一张书桌摆放在孙子的儿童房供其使用。不过最能把一个建筑历史才三年的房子推到时间隧道的，是用玻璃镜框精心装裱挂在墙上的两张报纸。一张是 1919

年 5 月 14 日他的曾祖父经营的商店关门的广告（见图 3），另一张是这之前在《公共售卖》广告上发表的他的曾祖父的商店具体售卖的货物名称。N 先生很骄傲地对我们介绍他的加了若干个"grand"的 father 的光辉业绩，其实按照他的年龄状态，儿女都已经有 2 个孙辈，估计他也就已经是曾祖父。报纸颜色很旧，发黄，但裱得很好。在 N 先生的众多宝贝中，他最先向我们介绍这两张报纸，可见它在其心目中的重要意义。

全世界很多家庭都设有照片墙，照片墙纸能最具说服力地表现一个家庭的过去。它的意义不只是向这个家庭的观光者详细介绍这个家庭，更在于向子孙展示祖辈的荣光，以激励后代。中国人也不例外，甚至比其他很多民族更加重视家庭、家族传承，这也是那么多中国人移民海外，尽管远离祖国，仍然顽强地保持中华文化传承的重要原因。

图 3　N 先生家客厅墙上 1919 年关于 N 的曾祖父的广告

　　我也到过一个华人家庭，丈夫本来在国内大学任教并已经取得了正高级职称，但经不住妻子及已经移民到美国的妻子娘家兄长的劝说，决心重新开始，到加拿大读了博士，拿到枫叶卡，又应聘到离 T 大学不远的另一所大学任教，妻子在国内大学退休后来到丈夫身边，他们的两个女儿均在国内完成中学学业然后在加拿大念完大学。如果一直在国内，这样的家庭应该比较宽裕，无论经济还是时间。但在美国，他们五年前买下的旧房子至今没有修葺，游泳池防水层破损，仅存不多的水不知多长时间没有换，绿莹莹倒映着南方的艳阳。院子很大，三分之一长着杂草，三分之二被分割成小块，种着韭菜、小白菜、辣椒等中国人熟悉的菜品，乍一进去，还让人以为进了国内的农家小院。房间里的东西大部分是前房主留下的，卧室的床上用品看得出是跟着女主人漂洋过海从国内南方某城市来到加拿大，然后来到美国的，床单有的地方甚至打了补丁，当然也可能是念旧不舍得换下。夫妻俩在国内任何城市都称得上高知，但他们在美国这个地方的生活完全是第一代移民的状态。先生年近六十岁，头发已经花白，在学校很努力地想争取终身教职，太太一面忙着料理家事，一面挤时间去教会学习英语。他们的女儿还有一个仍然在加拿大读大学，还需要他们接济，刚参加工作的大女儿读书那会估计也需要家里负担不少，先生教职的收入能维持各种开支很大程度上赖于太太的精打细算。

　　这样的家庭经历了遥远的迁徙，克服了很多常人难以想象的困难，但他家墙上没有任何照片，没有任何资料向访客诉说家庭的历史。他家每个成员都太忙了，至今还计划着如何让全部家人来到美国，获得美国身份并真正的在一起，实在无暇顾及那些目前看来虽然有意义但一点不实用的事儿。大历史是由数个微历史组成,社会历史是由数个个人和家庭历史促成的。家族、家庭历史的保存和展示只能靠个人的努力。虽然只是一个家庭,但也可窥冰山一角。对历史的尊重与保存的自觉只有当经济、文化水平到达一定程度且有宽裕的时间和心境才可能获得。

族群的历史

去美国之前,我看过斯科塞斯导演的《教父》、里昂导演的《美国往事》。前者讲述意大利黑手党在美国从地下到地上的洗白过程。《美国往事》讲述的是关于"美国梦"的故事,同时也是美国犹太裔前身第一代移民们的故事。美国建国的故事就是各种移民群落到来并安定下来的故事合集。

作为一个移民国家,虽然不像那些历史悠久的文明古国,有官方和民间散落的众多有形和无形的历史,但来来去去的人们留下的各种档案、印迹本来就是很有意思的事情。T大学所在的州是美国民权运动的发源地,南北战争、20世纪五六十年代的民权运动留下很多有形、无形的遗产。州政府办公大楼既在办公,同时又作为美国内战遗迹成为被游客参观的景点,紧挨着的一片建筑包括数家博物馆、艺术馆。马丁·路德·金的纪念教堂在此无言地诉说着黑人争取权利的艰辛。

在旧金山渔人码头游船上,我穿过浓雾里的海湾,听着解说员讲述天使岛、恶魔岛的故事。天使岛对早期中国移民来说,一点都不"天使",这里关押过太多投奔"梦中天堂"美利坚的华人,或者被驱逐出境的华人。位于纽约艾丽斯岛的美国移民历史博物馆,展示了大量欧洲家族第一代移民来美国的资料。黄土文明造就的中华文明的后代比较习惯于固守土地,我们的历史是和大地、数代人的耕耘联系在一起。而这个国家的历史是漂来的移民史，移民从东边的海、西边的海、南边的海上漂来拼凑在一起，组成异彩纷呈的历史。

每个国家对后代解释曾经的侵略、屠杀都是一件困难的事情，既不能直接磨灭，又不能表现父辈、祖先们当年行径的不正当性。官方背景的历史学家在这样的情景下一般大有作为。官方对待曾经对手的态度在美国和墨西哥战争、作为入侵者的欧洲移民处理和印第安人关系这两件事上体现出来。

发生于1846到1848间的美国和墨西哥之间的战争，以墨西哥割地230万平方公里（约占墨西哥面积的一半）的土地结束。停战协议中双方均同意让被割让土地上的居民，自由选择回墨西哥或者留在土地上成为美国公民。圣地亚哥老城成为这个策略的最典型体现者，留下的人、物等所有的一切，保持完整的墨西哥风格，圣地亚哥现在成了美国墨西哥文化的国家公园。先兵后礼，这是第一代开拓者加殖民者的欧洲移民的做法，最后总会留一些被占领土地的遗产，成为和平点缀、文化遗产。

欧洲移民对印第安人的策略用意表现更突出。众所周知，早期美国的西进运动与大量屠杀印第安人及把他们赶出自己的家园分不开。在欧洲殖民者到来之前，印第安人是美洲大陆上的主人，而现在，印第安人是美国领土上的少数、边缘族群，其待遇远不及祖先被强行带来的非裔美国人。当美国政权稳定后，反过来又对印第安人采取安抚措施，设立了只用于印第安人的津贴、住房等专项，以及给印第安人在印第安居住区开设赌场的特权。很少人反对给予印第安人特别关照，有人说那是因为作为一个种族的白人觉得亏欠印第安人，这个观点应该是成立的。我所在的特洛伊大学已经形成惯例：每年校方出资筹办印第安文化节（见图4），请印第安团队来表演印第安传统艺术、售卖印第安生活及

装饰用品。节日期间，附近的中学、小学、幼儿园都会带领学生们来参观。印第安人虽然数量已经少得可怜，印第安文化却是美国民间自觉维护和传播的。印第安文化实实在在地成为美国大地上多元文化的点缀。

图 4　特洛伊大学校园印第安文化节场景

墓　地

　　人，万物之灵，生而尊贵。全世界所有国家的人对待死亡的态度都是慎重的，尽管表达方式不一。中国人有远离陌生人墓地的传统习俗，认为晦气。华人旅行团几乎不带客人参观墓地，其实要全面了解一个地方，除了尽量走近生者的生活，也要在一定程度上了解死者——既包括他们生前的故事，也包括墓地。墓地是折射文化、传统、信仰等元素的重要场合。

　　近年来中国的快速城市化，使得不少地方都出现了为了城市扩建让人们迁坟的事情，几乎没有居民一开始就自愿迁走亲人坟墓。城市化使得房价攀升，让活着的人备感压力，也使得逝去之人不得安宁，这是一个人口众多的农业大国城市化必须付出的代价。对散布于广袤大地上的美国人来说，教堂的墓地是安放遗体的重要场合，无论是南方乡间的小教堂还是世界金融中心华尔街，都有教堂的墓地，也有将逝者安置在房屋附近的，墓地的选择很随意。相比中国人，这不仅是地广人稀的大自然给美国人独有的馈赠，也表现了对死者及死者家属的尊重。

美国有 100 多个国家公墓，主要安葬着为国捐躯的军人的遗骸，也有在其他领域为国家做出重要贡献的已故者。其中最有名的阿灵顿国家公墓出现在很多华人观光客的照片中，特别让人感慨的是，无论级别高低、财富多少，在这里所有死者的墓地规格都一样。生而平等的生命观念延续到死者身上。每年 5 月的最后一个星期一是美国的国殇日，公墓都有各种纪念活动，国家也会举行类似公祭的仪式。从主流媒体到普通百姓，都能感受到全社会对于为国捐躯者的重视、纪念与感谢。这些活动更是对逝者健在的家属最好的安慰，对于公众而言，也是活生生的爱国主义教育。

美国的国殇日总体氛围大不同于中国的纪念逝者的活动。对于死者的纪念，在多数国人的印象里，总免不了悲伤。我虽然没有亲临国殇日的现场，但从国内媒体对多年来国殇日的哈雷摩托的游行的报道以及随之而来的漫长的夏季假期看，国殇日既有对逝者的纪念之意，也有喜迎即将到来的长假期的意思。在笃信宗教的国家，多数人认为离开人世意味着去另外一个世界，而不是从此消失。去天堂、极乐世界，并不是十分悲伤的事。相比中国人的清明节，美国人的祭祀不怎么悲哀。在许多报道里，全家带着野餐用具来到墓地，俨然一次出游活动。

地广人稀的美国带给人们选择的一大自由，就是去世后可以选择火葬、土葬或其他。由于宗教信仰，多数人选择土葬，因而无论被葬在私人、教堂墓地还是国家公墓，对于土葬者来说，活着的时候每个人在历史中，死去之后每个人在墓地之下默默守护着这个国家。

反思：美国人的私人记忆和集体记忆

从特洛伊镇、N先生的家，到美国的各种大型公共纪念活动，都在提示我这个国家各个层次的个人和机构对于历史的珍视。直到某天阅读到这样的句子，"美国人总是想忘了别人想记住的东西"，"美国人的历史观很淡薄"，"美国是一个非常富有的国家，如果做错了事，他们就把这件事抹去，而且他们没有在战争中受过害，他们没有被入侵过"。[①] 我开始反思："我是不是太以点带面，把美国人想象得太正面了？"

"在现代大都市，由于人口规模经常变化，血统遥远的人们形成了关系，因此，'社会'要想在其记忆中保存如此之多的家族谱系，就渐渐地变得很困难了。"[②] 在美国这个移民国家，家族谱系的保存估计就更困难了。N先生的努力应该在很多家庭都在上演，但家族史料存留的并展示给外来者观看的，应该都是属于这个家族的光辉的一面，处在黑暗中的部分或许在代际传承中有意被忽略，或者作为家族秘史概不外露。

大的族群甚或国家大致类似。中国国内无论大家认同的公知

---

① 《詹姆斯·派克："美国人的历史观很淡薄"》，http：//www.china.com.cn/fangtan/2013-12/12/content_30880323.htm。

② 〔法〕莫里斯·哈布瓦赫：《论集体记忆》，毕然、郭金华译，上海人民出版社，2002，第239页。

或者自封的智者都爱叹息："中华民族是健忘的民族！"全世界对于德国人敢于直面前辈在二战时期犯下的罪行、忏悔并付诸行动的悔过都表示佩服，原因就在于将一个国家曾经的伤疤、失去理性所犯的错有意植入国民的集体记忆是一件非常需要胆识的事。美国主流社会曾经杀戮印第安人、虐待黑人、排华……即使二十世纪九十年代以来，美国海外出兵多个国家，导致多个国家政权坍塌、民不聊生。这些在美国主流人群的集体记忆中，已经很淡或者只是作为工具和手段在一些场合被提及，比如争取选票的时候。学者詹姆斯·洛温的著作《老师的谎言——美国历史教科书中的错误》指出美国课堂上使用的教科书充斥着错误信息和短视见解，原因是美国官方为了宣扬所谓的爱国主义，爱国主义是谎言的主要温床，美国中学历史教科书不惜肢解历史以宣扬爱国主义。[①]

美国迄今没有被侵略的经历，发生于 2001 年的"9·11"事件成为美国若干年来本土最为悲恸的事件。我在美国期间游历纽约市时，居住的旅馆距离由被炸毁拆除的世贸大楼改建的"9·11"国家纪念馆只有几百米，在美国的其他任何场合的旅程基本都是令人心情愉悦的，除了这里。纪念馆的门票价格偏高，但前去参观的人数很多，图 5 是世贸中心纪念馆水池，水池外围刻着遇难者的名字，大家都怀着沉痛的心情。"9·11"在一定程度上改变了美国和世界的历史进程。美国人的集体记忆倾向于记住那些意味着荣光、成功的过去，除了"9·11"，它已成为当代美国人挥之不去的梦魇，身为美国人的平静和安

---

① 〔美〕詹姆斯·洛温：《老师的谎言——美国历史教科书中的错误》，马万利译，刘北成校，中央编译出版社，2009。

全感被严重破坏了。

"9·11"事件催生了反恐电影的井喷，《黑鹰坠落》《谎言之躯》《世贸中心》《反恐王国》《反恐疑云》《深入敌后》《锅盖头》《绿区》《拆弹部队》《猎杀本·拉登》等电影设置了恐怖主义终被制服的结局，尽可能地安抚现实中被恐怖主义搞得惶惶不安的普通人。但恐怖主义在很长时间里仍然是美国人最为担心的事，尽管按照《华氏911》这样的纪录片的分析，"9·11"的出现与小布什政府有很大关系。

图5　世贸中心纪念馆水池

三　身体、性、爱情、婚姻与家庭：
美国人的两性关系

从《乱世佳人》《北非谍影》《罗马假日》直到《泰坦尼克

号》等，好莱坞爱情电影演绎的种种母题造就了全球观众自然也包括中国观众对于美式性、爱情、婚姻及家庭的无穷但又是在一定边界内的想象：不期的邂逅、浪漫的求婚、完美的性爱、日常生活里惊喜不断……加上还有《罪恶之城》《黄昏之恋》《费城故事》《断背山》等演绎的边缘爱与性，好莱坞电影中由两性关系支撑的主体是一个美好又不乏激情的世界。《美国派》《留级之王》《混合宿舍》《朋友也上床》等电影表现的美式爱与性率性而为，笑料百出，让传统谈性色变或至少是羞于谈性的中国人难以坦然观看。当整理好行囊准备前往美国时，你的已婚配偶或未婚恋人在千万种关于安全的叮咛外，可能还有放在肚子里很久但一直不好直接表达的话，或者意味深长地告诉你："那是一个自由的国度啊——"这里的"自由"主要指"性的自由"。

年轻人在南方

当我来到这自由国度常住人口不足两万人的南方小镇时，不闻耳鬓厮磨，鲜见礼节之外的拥抱拉手。行政中心、商业中心，合起来只有一个酒吧，里面的人们像国内的县城一样——三分之一喝酒、三分之一握手、三分之一挥手，人们低低地诉说着什么，夜间九点左右酒吧就打烊了。荷尔蒙在南方艳阳下不是发酵沸腾，而是貌似被蒸发殆尽，即便在校园里，也没有发现一对"像样"的本土情侣，所谓"像样"，就是像国内大学里的学生情侣（当然也不是所有大学的所有学生）一样不停地秀恩爱，尽可能地向世人宣告这个男人或女人是我的人。这里有个小插曲。我在校园的小湖边假装偶遇一对貌似在约会的非裔青年，忍不住好奇走近，发现他们是在认真地喂食湖中鸟龟。我问他们："为嘛在校园的花园、树林、湖边没有见到约会的恋人，是因为大学里一般不谈恋爱还是去其他地方约会了？"说这句话时脑海中顿时出现了我到过的所有国内大学的各种爱情山、爱情林、爱情湖、鹊桥。男孩甩甩满头小辫子，看着我摇头："不，他们约会的，一般开车去其他地方，在电影院或者餐馆，你可以去食堂的二楼。"完了又带点狡黠和好笑地看着我，"是不是你看上了什么人，要和他约会啦？"我连忙否认："没，没，我已婚，只是好奇！"

后来，我碰到一个在美国读高中的男孩，他就读的中学为教会学校。聊起校园恋爱话题，他说学校的校规没有明确说允许还是禁止，但要求不要产生不良公共影响。这提示了我，美国学生情侣在公开场合鲜见恩爱秀，一方面是隐私的自我保护，另一方面可能也是对公共秩序的自觉维护，避免有碍观瞻。

南方的热天气持续到十一月中，女孩们的上装从吊带换成短袖、长袖，再加厚，下面仍然喜欢穿短裤，特别是只露一点裤头的运动短裤，碰到一个高挑的，大白长腿甚是耀眼。在教室里一不小心就蹲在椅子上或跷腿到课桌上。因为是生活常态，并没有使多少男生格外关注。当你在镇上的沃尔玛驻足，半小时内见到十余个一百公斤以上的胖哥胖妹从面前缓缓飘过，应该还会感叹美好体格的展示对于营造良好生活习惯无声的示范。

美国主流文化是白人文化，作为欧洲移民的后代，他们对身体的态度可以追溯到古希腊——人体和世间万物一样，是可以展示的美，衣物的暴露和对性的态度之间没有关系。鉴于国内年轻人婚前同居已经很普遍，大学校园周边各种时段的房屋出租是极火爆的生意。我试着问过几个美国女孩关于婚前性行为的看法，碰巧她们都是基督徒，回答很坚定："我是基督徒，绝对不会婚前性行为!"在网上查一查，很多回答都告诉我，美国人或者其他国家的人中有很大比例对性谨慎，不是因为处女情结而是因为宗教信仰，他们希望完全按照自己所信奉的宗教教义生活。这也是美国主流价值观认同的。然而信仰未必最后真的执行，生活中激情压倒信仰、本能超越理性的例子比比皆是。美国事实上的婚前性行为比例较高、未婚先育也有相当高的比例。好在对于婚外性行为，他们基本表示否定，无论哪个年龄段的美国人大都认为不能欺骗配偶，应该遵守道德规范。①

我也看见专栏作家所写的对婚前禁欲的不以为然，很重要的理由是，人们想要性又不想违反教规，于是就尽早结婚，结果导致美国在发达国家有最高的结婚率、离婚率及堕胎率。②

我所旁听课程的同班同学本瑟琳正经历着一场重要的爱情。感恩节她打算把这个叫卡尔的男孩带回家，几周前她就告诉了妈妈。前两天她打电话给家人，妈妈告诉她正在尝试做一种派。"怎么想起做这个?"本瑟琳问。"不是你说卡尔喜欢这种口味的吗?"我认识卡尔，是校园电视台的新闻主播，本瑟琳的好友艾莉森称卡尔是"高富帅"，富不富她不清楚，高、帅的特征在这个男孩身上倒是很明显。本瑟琳是个高挑爽朗、乐于助人的姑娘，她告诉我如果曾经和很多人约会没啥关系，如果和很多人上过床，其实大家还是会对这个年轻人有一定的看法。她觉得自己和卡尔是认真的，可能会走向婚姻，才决定带他和家人见面，之

---

① 杨华:《论当代美国人的性爱观》,《中国性科学》2001 年第 4 期。

② Jill Filipovic, "The Moral Case for Sex before Marriage", https://www.theguardian.com/commentisfree/2012/sep/24/moral-case-for-sex-before-marriage.

前她从没有带过同龄男孩回家。

艾莉森近乎全职地在通信公司营业厅上班，从上午 10 点到晚上 8 点，可谓抽空上学。她曾经有个男友，因为受不了她老要上班离开了。艾莉森的父母早就断了她的经济支持，虽然她的家人都是白人血统，但父母觉得根本不用上大学就能生活得很好。她的父母兄姊都没有上大学，经济收入都不错，姐姐在银行工作，哥哥自主创业。艾莉森觉得不行，一定要上大学，结果就造成她现在这样的生活状态——为了赚学费无暇顾及爱情。在艾莉森想象的未来生活图景中，爱情也只占很少的份额。二十岁的艾莉森迄今的活动范围就在家乡和上大学的相邻两个州，她计划大学毕业后去大城市（比如纽约）工作一段时间，在美国各处和其他她向往的国家转转，然后到佛罗里达定居。如果爱情来临她欢迎，但她不会为那个人改变什么，除非他和她的理想一样，一边工作一边看世界。

艾莉森对爱情的态度让我想起从中国到美国的飞机上坐在我邻座的美国女孩，恰好她的前男友从特洛伊大学毕业，她曾到过特洛伊镇。她离开男友的原因是觉得这个男人太不靠谱，是个没有责任心的大孩子，和他一起没有安全感不说，很多事情该男人做的他都撒手不管，她终于忍无可忍地离开了。说起来，女孩眼眶还泛红，她还爱着他，但有自己的底线。在中国国内看到各种媒体上报道美国女人对待婚姻绝不委曲求全，颇有"烈女"风范。原因除了离婚官司中财产分割一贯利于女性外，美国女性的理性、个人意识应该也占了很大比重。

女孩们在聊天过程中会时不时加进"你知道，这里是南方"，意味着南方有其独特的风土人情、伦理规范、宗教信仰。不知道真正的那个 Mr. Right 来了，像艾莉森这样的姑娘是否会为之疯狂，令之前所有的计划与理性自动化为泡沫。图6是特洛伊大学里的学生正在进行校园活动。

图6　特洛伊大学的学生校园活动一景

围城内外

钱钟书先生的"围城"成为中国人对婚姻普遍的口头禅，外面人努力往里挤，想目睹城中风景，城里人厌倦了，想毫发无损地出来。在美国南方小镇几个月，没有条件进行大范围调查，但通过聊天和各种观察可得知美国人婚姻情况一二。"性别传播"课堂上，授课教授提问哪些同学是在单亲家庭长大，课堂上全部的二十来人中一半以上举起手来。

年届六十的J先生看起来儒雅幽默，我和他及他的太太一起用过餐。太太活泼可爱，是个很有亲和力和魅力的女人。她告诉我她有四个孩子，大儿子今年刚好去东亚某国家任教英语一年，她给我看孩子学做异国菜的照片。想想我们多年一对夫妻、一个娃的小家庭，我真心表示羡慕。有一天，J 先生在课堂上说："我的第一个妻子……"我才明白我所见到的女士在她的位置上还有前任妻子，或者前前任妻子。

我从没有见过 R 先生的太太，任何事情总是听他说要先安排好儿子、女儿。儿子是一幅典型的亚裔面孔，女儿是个娇小的白人姑娘。这样明显的外在让我清楚 R 先生的妻子为亚裔，但不知道是其中一任还是仅有一任。后来知道 R 先生离过一次婚，第一任妻子是他二十出头时到东亚某国教英语认识的亚洲人。R 的现任妻子在北方某州，逢长假两人见面，去北方或者来南方，他一个人貌似很愉快地照顾着两个孩子。因为有美国人由于工作变动搬家频繁的印象，我忍不住问他："为嘛不和你妻子一起？你去北方或者她来这边。你一个人照顾孩子多累啊。"R 回答："快了，等我儿子拿到驾照就可以考虑了。"儿子是 R 的亲儿子，但他的亲妈就在附近的城市，按照法律规定，没满十八周岁的孩子不能离亲生父母太远，父母要经常探视孩子，如果 R 去了北方，送儿子和亲妈见面是个头疼的问题。女儿不是 R 亲生的，是北方那个她和她的前夫的女儿，但姑娘已上大学且超过十八岁了，不需要经常探视且她的大学就在附近，所以就跟着继父。R 跟我们秀他的全家福，自己的亲生孩子加上继子继女，下一代共六个人，很有规模。

脱口秀明星艾迪·墨菲（Eddie Murphy）的很多段子近期被配上中文字幕引进国内，其中有段落是关于美国妻子的，她们独立、有时近乎任性，让丈夫们无所适从，即便结婚了，也让人感觉无论是妻子的身体还是心灵都像是"租"来的，她随时可能解约走人。墨菲对于丈夫角色的调侃也好不到哪里去，网上、微信圈流传甚广被中国观众命名为"天下男人一般渣"的段落肯定男人都是"没有不偷腥的猫"。男人天生爱征服女人,越多越好,他们乐于以此来证明自己的魅力,无论身边的老婆或女友多么好。这样的男人和女人,自然带来美国人的高离婚率。美国妻子在很多调查里被给予"烈女"称呼,发现丈夫出轨只有极少数会选择继续这场婚姻。这种坚持背后是法律对女方的大力支持。在所有州的司法实践中,离婚官司都无一例外支持弱者,婚后以相夫教子为主的女性通常是离婚官司中的弱者。中国妻子在丈夫出轨后,很多人因为孩子、经济,或出于"天下乌鸦一般黑"的无奈,或者其他原因,会给予丈夫浪子回头的机会。

特洛伊大学商学院的几位老师因为其中两位为亚裔,常来访学楼。商学院老师人均收入居于本校教职工前列,第一回碰到这几位就听他们当作笑话般谈论老同事 K 先生。K 先生年逾古稀,还在兢兢业业上课,原因是离婚官司中他的大部分财产被判给前妻,幸好美国大学的终身教职人员的就业时间可以持续到生命的最后一刻——如果你愿意。这几位老师还有一个共同点是老婆都不在身边,在邻州、更远的州或者还在其他国家。作为一个小小的暂时的单身男俱乐部,他们的闲暇活动无非是约在 A 处烤肉、B 处打猎、C 处喝小酒,没听说过猎艳之举,当然,是没有想法还是没有资源就不得而知了。长的像俄罗斯后裔的高大的 T 先生每每展示他在迈阿密海滩美丽的家,不忘提醒观众他在家如何爱老婆、爱孩子、爱家务,也开玩笑说如果他回家无行动,老婆将怎样强烈地反击。

美国妻子在家的"大女人"作风激发了美国男性对于东方女子的想象,虽然这个想象从没有停止(一直东方女性作为物化存在被西方男性按照自己的意愿想象,无论是作为异域风情的代表还是臣服的客体)。如果对中国国内女性境况有一定程度的了解,恐怕他们就不那么肯定地认为华人女性更温顺了。比如前文举例的 R 先生的来自东方的首任妻子，年轻的姑娘从 R 的学生变成他的妻子并随其来到美国，然而不知道什么原因，来美国后不久，就变成了别人的妻子。美国男性认为好控制的乖老婆，未必一直如此。

作为景观的性

"放浪的自由之国"正是媒体、各种大众文化产品带给相当部分受众的美国印象。美国社会对于出现在公众视线中的各种"性"话题或场景的宽容度委实震惊了我。

2000 年以来，全球各地兴起了电视真人秀节目，为了挖掘真人秀的潜力，各国电视工作者绞尽脑汁，其中包括对人体"秀"的尺度的不断加大。我到美国后看到的系列真人秀《裸体约会》《一见面就结婚》《一见面就接吻》等对身体的展示没有下限的节目都只在初播时引起一定的反响，很快就反应平平了。在特洛伊大学类似期终汇报的活动中，我展示了自己所看到的美国电视真人秀，作为访问学者联系人的教授惊呆了："想不到我可爱的祖国有这么多真人秀！"对于其中大量打性的擦边球的设计他没有任何惊奇，想来早习以为常（真人秀节目的具体分析将在后面的相关章节展开）。

我主要在美国南部旅居，也抽空去了西海岸和东海岸，在拉斯维加斯看了一场 Fantasy Show，在百老汇看了一场经典音乐剧《芝加哥》（见图7），加上在南部 T 大学里所看的由在校大学生演员巡回演出的百老汇经典音乐剧 Cabaret（同名电影翻译成《歌厅》，见图8），也算对于美国各地在公共舞台上性的展演有了大致印象。

图 7　笔者在百老汇剧院观看音乐剧《芝加哥》

图 8　在特洛伊大学演出的音乐剧《歌厅》（*Cabaret*）

华人导游介绍 Fantasy 时，直接说它是"脱衣舞"。全程大部分时间里面容姣好、身材有致的模特儿们只穿丁字裤，但因为舞台的距离和严格的安保措施，虽然是剧场表演，看上去犹如隔着屏幕。主持人介绍这些模特儿是 2015 年在美国各种秀场排名前十的，每个模特儿都有一样拿得出去的才艺，如唱歌、舞蹈、武术等。本场秀中一个叫苏菲亚的姑娘最为出色，她以从高空垂下来的两根红丝带为依托，完成了介于杂技、舞蹈、体操之间的各种优美的高难度动作，精湛的技艺几乎让观众忘记了她的裸体，或许裸体和技艺相得益彰，很是养眼。主持人的各种插科打诨和性笑话换来众人笑声不断，但可能因为语言隔膜，我真没感受到那种所谓淫荡的气氛。被抽上舞台的幸运观众是一个婚前来旅行的小伙子，互动过程也是文质彬彬的感觉。大概因为导游之前捧得太高，这场演出给我的印象只是稍稍撩起了一下观众们对"罪恶之城"的念想。美国本土的网站有游客到拉斯维加斯旅游的感觉的反馈，对这个秀的感觉也就是一场不错的脱衣舞表演，没有任何人提到尺度问题。倒是有一个曾经作为幸运观众的男士，因为自己在舞台上需要被动表演没有好好看完演出，他表示生气，认为没有事先征得他的同意侵犯了他安静观看的权利，一点没有作为现场唯一可以与模特儿近距离接触的男性的幸运感。

那些在拉斯维加斯老城挣小费的街头艺术女性表演者尺度更大。比如一个看上去四十岁左右的女性只穿丁字裤，上身的透明胸罩基本可以忽略，还在乳房的制高点各置一个装饰品。她披着一层薄毯子站在熙熙攘攘的人群中，时不时拿下毯子微笑着面对路人，只要给几个一美元的硬币或纸币，路人便可以与之合影、拥抱、吻面颊，甚至把手放在敏感部位附近。在各种酒吧外面特设的站台上或里面的桌子上随性表演的姑娘们，就像一个个穿着清凉、动作撩人的性感玩偶娃娃。她们已经成为和拉斯维加斯的酒店、蓝天、沙漠一样的日常景观，很少有观众为她们停留，甚至都不会多看几眼。

尽管在不同的地点由不同的人群演出，《芝加哥》和《歌厅》都呈现了百老汇的特色元素，喧闹、性感，大腿舞时不时跳起来。《芝加哥》1996 年就登上百老汇的舞台，是百老汇舞台上演出时间最长的音乐剧。《芝加哥》剧本写于水门事件之后，有强烈的时代寓意，媒体人疯狂炒作的本事、政客和律师的摇唇鼓舌、普通民众的盲目轻信易被煽动都在剧中体现出来，有强烈的讽喻性质，是一个社会批判性极强的文本。20 世纪 70 年代的芝加哥灯红酒绿的气氛和纽约、洛杉矶及美国任何一个大城市都很相似，《芝加哥》是百老汇舞台上不多见的取材美国本土的戏剧。经过数千场次的演出，《芝加哥》距离故事发生的年代越来越远，其批判性不断被淡化，娱乐性更加突出。从各种评论看，我所看到的那一场次的演出班底不是当下风评最好的，但仍然让初来乍到的我感觉绚烂无比，男女演员们的各种性感秀撩人眼球，女二号凯莉对着剧中人也对着观众喊："来吧，我的丈夫不在家。"惹得全场哄笑。女一号露西在被律师比利策划包装成功走红后，面对无数表示倾慕的剧中男性，她对着观众抛个媚眼："这么多的男孩，真让人受不了——"引发阵阵低笑。

大学生班底演出的《歌厅》开放度丝毫不逊色于专业演员班底的《芝加哥》。《歌厅》的故事发生在 20 世纪 30 年代的德国，那时的柏林是一个醉生梦死的地方。剧中有多种语言出现，富有异国特色，要求演员会音乐剧表演的全面的本事——唱、跳、打。无论舞美、灯光还是表演，该剧在我及很多观众看来，专业水平不亚于百老汇的表演，甚至因为演员的青春蓬勃，给这个情感压抑的故事更多的亮色。《歌厅》女主角压抑矛盾的情感与身体的暴露糅合成有罂粟花意味的舞台景观。

不少到过国外的中国人都提到天体浴场，满沙滩的人不着寸丝，反倒让着装齐整的观望者不好意思。虽然没有来得及亲身体验这样的浴场，但在加州圣巴巴拉海滩，我见识了在人群近似围观的氛围中，一位胖哥的从容不迫。天气并不太热，一个体型壮硕的男子在享受海滩日光浴。他戴着墨镜，有些秃顶，拿着一块类似瑜伽垫的东西，先把垫子放在沙滩上，脱掉外衣，留下一条裤衩，暴露的地方全部抹上防晒油，将随身小包当成枕头，先晒肚皮这边，然后翻过来晒背部。他躺的地方是从一号公路下到海边的路口，那天连续有三辆以上的旅行大巴停在海滩附近，游客主要为中国人，二百来号人来来往往，估计没有人不多看他几眼的，即使如我这般尽可能不想表现得没见过世面的中国人也忍不住看他。这位先生放松地躺着，他不年轻，肌肉松弛，并不是一道美丽风景，但他惬意自在地沐浴着对任何人来说都无差别的阳光，宛若这是他的私家海滩。圣巴巴拉是著名的旅游胜地，美国许多名人都在此购买休假别墅。享受天体日光浴的人可能是一个名流大鳄，或者一个失业流浪汉，那又有什么关系呢？大自然对每个人都一样慷慨。

非常规的性与爱

对于多元文化、不同价值观，我基本持有即使"我不同意你的观点，但我誓死捍卫你说话的权利"的态度。在国内大学任教，对于学生们近几年表现出的对同性恋话题的热衷很迷惑。我执教于一所省属综合性大学中艺术生比例较高的学院，少数男孩子表现出同性恋倾向。从外表看，我不清楚他们到底是真的同性恋还是仅仅为了表现所谓的先锋、前卫。至于变性人，最熟悉的就是时下作为主持人的金星，但她已经成为文化市场的吸睛石，其性别身份只是强力的佐料。刚到美国时，浏览国内网上新闻，看到河南一小伙子因为同性恋身份被妻子及娘家人以精神病人身份送进精神病院；同时，同性恋酒吧、集会是中国很多城市亚文化的重要组成。在我看来，我们首先需要正视同性恋群体。民间研究同性恋的群体、组织并不鲜见，各种同性恋相关的话题已经进入公众的视野。比如在张北川、李银河等国内知名学者的研究中，中国有一千万以上异性恋女性嫁给了男同性恋即"同志"，从而成为"同妻"，这一千多万对夫妻看上去过着普通人的生活，实质苦不堪言。由于大多成为同妻的女性在婚前并不知情，有被骗婚的意味，她们成为不被世俗认同的男"同志"伤害的对象，生活可能更加苦闷，极少数人甚至选择自杀。

那么，美国社会对同性恋应该很宽容吧，我来美国之前是这样认为的。也耳闻少数的留学生来美国的动力之一就是找一个对性取向宽容度很大的地方生活。

我在美国旁听的"性别传播"课程就是从介绍 LGBT 即女同性恋、男同性恋、双性恋、变性人开始。老师在课堂上展示了这个国家对于非常规性与爱总体上的宽容，如出现了中性卫生间，2014 年加利福尼亚州率先允许跨性别学生使用有性别身份认同感的厕所和更衣室。2015 年奥巴马总统决定，除了男女厕所之外，在白宫西翼的艾森豪威尔行政办公楼首次增设"中性厕所"。在 YouTube 上，除了能搜到表现各种领域的成人改变性别的纪录片之外，还有不少表现变性倾向的少年儿童的纪录片，如《父母怎样养育变性孩子》《我的变性孩子》。这些孩子的变性倾向到底是因为孩子性格叛逆还是因为其真的身心严重不匹配，从而产生对自然性别的抗拒？虽然是在一个相对宽容的国度，这些孩子的处境仍然会遭到一定程度的另眼相待。他们的父母表现出的理解、宽容，以及对这一之前自己从未关注的领域的用心学习、体验十分感人。在各种关于"同性恋天堂"的调查中，加利福尼亚、纽约都榜上有名。纽约每年一次的同性恋"骄傲游行"已经成为纽约的特色游行之一，每年 6 月最后一周被定为纽约同性恋"尊严周"。①

在美国期间，我有幸在旧金山卡斯特罗社区游览一圈。图 9 为卡斯楚街，街中心飘扬的彩虹旗，很多酒吧、居所所插的彩虹旗都在告诉观者——这是一个同性恋社区。彩虹旗是同性恋的标志，插着彩虹旗的和不插彩虹旗的人家毗邻而居，同性恋、非同性恋是邻居，鲜明表现了这个城市街区的包容性。阳光下，街上时不时出现穿得很少、肌肉锻炼得甚好的男性。导游从我们的此趟旅行开始就拿此说事："注意注意——这是你一定要注意的地方，如果两个男的一起走，穿得又少，一定是同志，穿得越少说明爱得越深。"恰好，车窗外有一老一少两个男人并排走过，导游激动："快看快看——那一定是的。"随着她的指引，几乎全车的人都好奇地探头到他们步行的一边。对于性，尽管我们的祖先们早就念叨"食，色，性也，人之所大欲焉"，但一向又讳莫如深。传统家长很难接受同性恋，甚至认为是洪水猛兽、家门不幸。导游们为了提高游客兴趣，故意制造言语爆料可以理解，但旅客们，何况走出国门的旅客，相对来说是文化、经济水平较高的人群，如此强烈的好奇心或许表现出国人与生俱来的强烈窥私

① 袁博：《美国多地出现"中性厕所"》，《文汇报》2016 年 3 月 16 日。

欲和一定程度的等级观点："同性恋什么玩意儿！"殊不知"你站在桥上看风景，看风景人在楼上看你"，不知道在这一带正常生活的各种人群对大呼小叫的中国游客持什么态度。

对待多元价值观，美国南、北地区向来差距很大。一般来说，北方比南方宽容得多。我所在的亚拉巴马州在 2015 年联邦最高法院投票通过同性婚姻合法后，仍有部分郡县不认同同性婚姻，尽管这对于一个人口流动频繁的国家并没有什么实际意义。同性恋人可以换个县、州领取结婚证或者一起生活。在这宽容的国家层面下，每个家庭、每个人，有着千差万别的具体处境。我在特洛伊大学校园里参加了一个名为"Sectrum Alliance"（直译为"光谱联盟"）社团的活动。社团的介绍说，愿意为学校里任何因为伦理、信仰、性别、年龄、身份、残障或性取向受到不公平对待的同学建立一个校园社区、提供帮助。我参加的那一次主题就是关于同性恋的，参加者多携带恋人参加，他们一对对坐在一起，并有刻意的情侣装或发型或饰品，很容易辨认。主持人让大家谈谈自己作为同性恋者在家庭中的境况，多数人都认为自己很幸运，能得到父母的支持和理解。只有一个黑人男孩认为自己处境很糟糕，他说着说着哭了："你知道，作为一个黑人，一个同性恋，有多么艰难！我的妈妈发现了，她哭着对我喊——'我要杀了你，要我还是要你该死的同性恋？你必须做出选择！'"坐在旁边的男孩（并非恋人）默默递上纸巾，另外几个学生上去拥抱或拍拍他表示支持。没有人说更多，大家既没有指责男孩的母亲，也没有要男孩坚强之类的话。"幸福的家庭都是相似的，不幸的家庭各有各的不幸。"面对同性恋、异性恋或者其他生活状态中的困境，对于非当事人来说，能做的其实也是最好的支持便是以自己的方式表示：我们在一起。

图 9　旧金山著名的卡斯楚同性恋街（Castro）上标志同性恋的彩虹旗

　　1993 年汤姆·汉克斯主演的电影《费城故事》中有同性恋群体在法庭外示威争取权益的场面，实际美国主流影视剧中的同性恋角色或场景出现的比例颇高。本届总统大选民主党的竞选策略中，也提及对于各种非传统异性恋群体的支持，哪怕只是为了争取选票，也表明了这个国家影响力数一数二的政党对此问题的重视。2005 年李安导演的电影《断背山》一反西部片故事的常规套路，讲述了发生在西部美丽山川河流之间的两个男性牛仔间的同性爱与性的故事，因为李安的华人身份，电影在中国评价不错，甚至由此人们把男同之间的关系称为"断背"。《断背山》在美国的传播与票房情况反映出美国并非一些中国留学生所想象的同性恋天堂。尽管电影获得 2006 年的奥斯卡金像奖、威尼斯电影节金狮奖，但影片仅仅得以在全美 683 家电影院上映，美国的保守派和宗教团体甚至发动 6 万人联名抵制《断背山》冲刺奥斯卡，最保守的犹他州电影院干脆禁止上映该片。

因为性取向而异国留学并很可能毕业后留下工作、生活，这是一些资料表明的很少一部分中国人留学的原因。李安导演的《喜宴》表现了华人同性恋在美国多元价值观和传统中华价值观冲突之下的选择，在当事人的努力和父辈的理解下，故事以喜剧收场。电影《北京遇上西雅图》中演员海清扮演的是一个看着大大咧咧其实很有爱心的同性恋角色。华语创作圈中影响较大的银幕、荧屏故事中的同性恋角色很少，且大多还只是以插科打诨的方式被涉及，同性恋或其他非正常性与爱被正面关注的不多。

美国人在床上

性是人的生物性的重要品质之一。人类的行为发展到今天，已经远不止于动物本能，有丰富的社会属性。任何一个社会，性的自由和性的禁忌并存。性的伦理取向与不同的文化圈密切相关，这体现在学术研究，更体现于日常生活中。对电影较为熟悉的观众基本同意以下观点：相比欧洲甚至日韩电影，好莱坞电影对性的表现基本都是适可而止，这既是好莱坞全球战略作用的结果，也和美国人的宗教信仰有很大关系。我们所知道的一些从名字到内容都大胆的电影多来自美国以外的其他国家，如《性上瘾》《女性瘾者》《性生活》等。

纪录片制作人罗宾逊（Philippa Robinson）在完成了《英国人在床上》后到美国完成《美国人在床上》，该片于 2013 年在美国 HBO 电视网播出，一度引发热议。如果只看名字，观者多半会以为这是一部画面很劲爆的纪录片，事实上该片只是访谈集锦。导演充分考虑了美国文化的多元化，所记录的 10 对夫妇中，有婚龄 71 年的钻石婚夫妇、婚龄 40 年的中老年夫妇、跨种族婚姻、男同性恋、女同性恋、穆斯林夫妇等，他们都半躺在床上，这既是一种舒服容易放松的姿态，又表明纪录片的主题：性与爱。影片表现了夫妇（情侣）之间不同而又具有典型性的相处状态：初恋的甜蜜、恋爱中的分手游戏、长期相处的各种矛盾及解决方法，或者当下正处在分手还是继续的矛盾中……

我只有机会在课堂上观看了一次，由于语言障碍，理解很粗浅。我认为总体上该片摆拍的痕迹很重，流水账式的浮光掠影是否真的代表美国人爱与性的全部？这一点也值得探究，但该片毕竟让一个外国观众看到了这个大国的普通公民日常生活的多个侧面，同时也让我了解到，性爱访谈也是人类学田野调查的一种方式。该片自由主义倾向十分突出，这一点从所选访谈对象具有多元文化取向、多元性取向上很容易得出。

第二章

宗教美国：关于美国宗教的观察与思考

解读美国

现实、媒介与省思

　　如果在去美国之前，就看到了商务印书馆出版的彼得·伯格等人的著作《宗教美国，世俗欧洲——主题与变奏》或者《读书》杂志 2016 年发表的卢云峰的文章《为何是"宗教美国，世俗欧洲"?》，美国强烈的宗教氛围可能带给我的震撼就会小一些。20 世纪 60 年代，身为当时最有影响的宗教社会学家的彼得·伯格曾确切给出世界范围内宗教的终结时间："到二十一世纪，宗教信徒只有在为数不多的小教派中存活，他们相互取暖，对抗世界范围内的世俗文化。"四十年后，基于他在欧洲和美国的亲身观察与体验，他在这本《宗教美国，世俗欧洲——主题与变奏》书中写道："我想我和大多数其他宗教学家在二十世纪六十年代就世俗化所写的东西是个错误。我们的潜在论述是说世俗化和现代性携手并行。越现代化就越世俗化。它并不是个荒诞的理论，有些支持的证据。但是我想它基本上是错误的。今日世界上大部分国家确实是富有宗教色彩而不是世俗化的。"①中国自古以来没有宗教传统。我和大多数中国人一样，对美国的印象集中于超级大国、科技强国，宗教经历的缺乏使我完全没有想到美国的另一种可能——"宗教大国"。到了美利坚土地上见到的宗教的日常化和人们对宗教态度的虔诚对于我的冲击，一定程度上超过了城市建设、文化产业等器物层面的发达对我的冲击。

　　作为一个职业影视研究者，我所看到的美国电影虽然有《宾虚》《十诫》等试图正面解释宗教的电影，但也有《红字》这样对宗教情感复杂的电影，还有《红色之州》《七宗罪》这样表现

---

① 〔美〕彼得·伯格、〔英〕格瑞斯·戴维、〔英〕埃菲·霍卡斯：《宗教美国，世俗欧洲?——主题与变奏》，转引自卢云峰《为何是"宗教美国，世俗欧洲?"》，《读书》2016 年第 3 期。

极端宗教组织和个人以宗教的名义伤害人的生命的电影。《巴黎圣母院》等电影中塑造出伪君子型职业宗教人士，《基督最后的诱惑》中的基督在神性和人性之间犹疑，和普通人无异。也欣赏类似《低俗小说》中的人物对《圣经》极尽叛逆之能事。犹太－基督教信仰是美国社会的宗教根基，好莱坞宗教题材电影无论是表现宗教人物的传记题材、表现宗教的对立面邪恶力量的还是表现极端宗教个人与团体的，总体上仍然是强化主流信仰，即犹太－基督教信仰。成功的文化工业是美国全球战略重要的组成。文化产品要赢得广泛的受众，创作者事先想象性克服文化障碍与隔膜是畅销的重要保障。各种跨越大洋来到中国观众视线中的美国宗教题材影视剧，或者得不到青睐从而直接被中国受众忽略，或者经过跨文化解读，距离影视文本创作的初衷已有一定的距离。曾经的美国驻中国大使馆文化新闻参赞裴孝贤的文章《宗教在美国社会生活中的地位》① 虽然发表于 20 世纪末，但以我的经历来说，认为其仍然符合当下美国，即在美国很少能感受到"信仰危机"。

正如中国研究者写到的："对于美国人来说，宗教不仅是一种内心世界的精神信仰，而且是可以通过自己的实践和体验感受到的存在。这种存在经由教会组织和宗教活动的不断强化和放大，被提升到了理性的高度，在与社会公共利益的根本需要结合后，又反过来成为指导信徒日常生活和行为方式的道德准则。宗教对社会和公众的影响正是宗教组织和广大的宗教信仰者在这种

---

① 〔美〕裴孝贤：《宗教在美国社会生活中的地位》，《美国研究》1998 年第 4 期。

模式下以各种不同方式自觉进行社会实践的结果。"①

一 小镇宗教风貌

前文已多次提及，我所访问的大学在美国南部的一个小镇。抵达的第三天下午，负责接待访问学者的 S 博士就用他的皮卡车带我去他参加活动的基督教堂，说是吃免费晚餐。在国内除了大一时平安夜去附近的教堂满足好奇心，我从没有参加过一场完整的宗教活动。了解美国文化要了解它的宗教，抱着这样的想法和好奇心，我来到距离校园几步之遥的教堂。图 10 为特洛伊镇的一家教堂。

图 10　特洛伊镇一家教堂外景

因为是初来乍到，从进门起 S 博士就向他认识的人一一介绍我："访问学者，中国来的。"这个教会的负责牧师叫迈克，四十上下的年纪，穿着较为正式的长裤、浅色衬衫，并没有任何特别的衣服，后来也没有见他穿过人们通常认为的宗教职业服装。S 博士也把我介绍给他，他很热情地微笑、握手："欢迎，欢迎！"一看就是社交好手。自助式免费晚餐开始了。S 博士告诉我，菜、主食、饮料、餐具、服务……晚餐的一切都由参加这个教会活动的信徒们轮流提供。后来 S 博士和另外几个教友也轮到一次，他煮了大锅豆子汤，用车载来，并分发给所有的人，结束了又载着空锅回家。虽然是自助餐，但大厅摆放好几张大圆桌，大家随意就座，人们几乎都来和我这个新人打招呼，一小时左右的时间内认识的老美，是三日来所见的 N 倍。S 博士小声告诉我："要提高英语，就多来教会，又热情又免费。"后来发现，每个访问学者到来，S 博士带领其参观的第一站都是他的教堂，这是出于便利还是其他考虑？

餐毕，迈克牧师站上讲台，首先向众人介绍今天的新朋友，刚介绍完我，另外一个男士站起来："还有我的女朋友，她刚刚从纽约来。"一个头发剃得精光的女孩站起来点头微笑，按中国人对宗教的看法，这样的外表很难和虔诚的基督徒相联。接下来，牧师点名一个叫亚当的男士到讲台来，他应该是事先知道并有所准备。对亚当的发言，我不是能全听明白，大概亚当讲的是他的人生中感受到上帝存在的一段经历：年轻时很荒唐，后来变得颓废，觉得生活没有意义，直到上帝让他遇见克里斯汀，他现在的妻子，感谢主！克里斯汀和他们的一儿一女站起来，给他鼓励，亚当讲述的过程中眼泛泪花。他的现身说法赢得众人的掌声，接着是学习《圣经》的环节，三个信徒就坐在餐桌旁轮流朗读或背诵《圣经》的段落。在这些在我看来枯燥的环节进行过程中，基本没有喧哗，包括亚当和克里斯汀五岁的儿子啾啾，可能他对那些生僻的段落没有兴趣，但依然没有吵闹，只安静地在一边玩。吃饭时，几个婴孩都被放在隔壁的婴儿室由专人看管。所谓专人，仍然是今天轮值负责晚餐和各种服务的人们。啾啾们就在这样的氛围中长大，日常化的宗教活动完全规训了他的行为。

我以为星期三活动到此结束，迈克再次走上讲台，询问各家有没有什么事情需要他或所有人知道或帮助。A："我姐姐估计几天内就要生宝宝了。"B："我爷爷病重，最坏情况很难说。"C："我的大舅子的孩子的命名日在星期五"……迈克认真地在笔记本上做好记录，大部分事情都需要他到场主持仪式或给予精神支持。这个情景让我想起小时候随奶奶参加生产队大队会议的情况，在各种例行通知、提醒之后，总会有些乡亲顺便广告自家即将来临的喜事或需要帮助的事。是不是可以理解成这样：在没有基层组织、没有行政力量介入的美国广大的乡村，宗教组织有很强的整合与人际协调功能。

S博士的教堂活动每周两次，星期三的程序大抵如上，有时晚餐需要交少许现金，那会在星期天中午就告知众人并做好就餐人员统计。星期天中午的活动由牧师讲道、唱诗组成。迈克都只穿西裤衬衫，我也忘记问他什么时候穿牧师服。后来我们陆续到过的类似小教堂的牧师在例行宗教活动中着装都和迈克差不多。迈克的讲道既有对着圣经的照本宣科，也有很多自己的见解。他的讲道风格大抵符合我之前对美国人的想象：轻松、风趣。

我任教于中国国内少数民族种类最多的省份，同事研究少数民族宗教传播颇有气象，从大众传播到新媒体，各种新技术对宗教传播的影响自然在研究的范畴。作为信息技术的源生国家及目前公认最早走上信息高速公路的国家，美国人怎么看新技术对宗教传播的影响？我参加的几次活动中，如果在教堂里，教堂都备有纸版《圣经》，很少人阅读手机版。我参加了两次宗教名义的户外活动，成员为在校学生。尽管组织者事先告知要带《圣经》，现场的学生们八成以上还是看着手机上电子版《圣经》聆听。迈克牧师也讲到他在偏僻乡下传道时亲身经历的一件事，一个老太太跑来问："牧师先生，现在很多人不拿《圣经》的书，而是看手机，这对上帝的意义是一样吗？难道不是对上帝的不敬吗？"迈克说他正想怎么样告诉老人家这只是方式不同，上帝都在心中。老太太突然指着他手中的东西问："你这个是啥？""不是手机，但是 Ipad。"迈克说到这里，全场哄堂大笑。后面到底他如何做通老太太的思想工作，我也没有听明白。这个事件可以理解为个体美国人对信息化的接受程度有很大差异，传统的信仰和新兴技术之间的裂痕在部分人那里存在，总体上大家对抵达信仰的手段是宽容的，无关乎是否使用新技术。

迈克牧师在镇上有很好的人缘，无论对根深蒂固的本土人士还是外来者。我在镇上唯一一家老板来自伊朗的清真饭馆见识过，他几乎和所有的食客都认识，握手或拍肩膀，和老板也很熟，尽管他们是伊斯兰教信徒而他是基督教牧师。迈克经常出现在大学校园针对外国留学生的免费英语课教授现场。他也认识很多外国学生。总统大选后我碰到他问："您关心总统大选吗？""当然——"他的表情让我觉得这个问题多么傻，本以为他会说"作为宗教人士，我不是很关心政治"之类。

裴孝贤先生的文章里提供了很多数据，如美国全国有教堂数十万家。迈克牧师所在的教堂算是小教堂，这样规模的教堂在我所访问的大学附近有数十家。小镇上最大的商业机构是沃尔玛，其他商店屈指可数，要买点像样的东西很难，但要参加教堂活动，抬腿便到。镇上没有任何公共交通，但如果你想参加教堂活动，几乎随便你认识的什么人，他（她）都很乐意载你去教堂，或者在学校相对固定的地点候车——常规宗教活动时间都有免费车辆接送。学校内部，开展宗教活动很容易免费申请到场所。

迈克牧师的太太是个文静的女人，做辅助教会的工作，两人只有一个孩子，小日子负担不重。很多牧师都有一个庞大的家庭，四个以上的孩子很正常，六个、八个都不足见怪。美国人普遍不赞成堕胎，多数宗教信徒更将堕胎视为犯罪，牧师自然要起到带头作用。虽然美国的宗教人士普遍被认为是有奉献精神、有公信力的人群，但一张张嘴要吃饭是实情，信徒的捐赠是教会经费的重要组成，牧师个人的收入怎么算？这个问题对一个短暂旅居美国的外国人来说很难得到准确答案。

同楼的其他访问学者，有人向一个牧师购买保险，因为他卖的保险比学校的更便宜。事情源于有个学者经人介绍向牧师购买汽车保险，俩人之间熟了，得知他还卖其他保险，于是他的保险在访问学者群中的销路就此打开。作为普通人和上帝中介的牧师卖保险，是不是更能确有所保、降低风险？S博士告诉我，一些牧师的宗教工作所得不足以养家，兼职干点其他的事很正常。后来碰到的在美国读高中的男孩，说他的学校的乐队指挥是牧师兼职也证明了这点。牧师迈克赋予我原以为超凡脱俗的岗位相当的烟火气，神圣使者与世俗凡人两种身份完全不冲突，因为上帝不反对不宽裕的使者业余干点别的。

二 美国大地上的立体宗教呈现

T大学宿舍里的电视没有机顶盒，只能看有限的电视台，即便如此，还是能让笔者从时常布满雪花的荧屏上捕捉到一个基督教的电视讲坛节目。演播厅是我在美国电视上看到的最大的，满满地坐着观众，从近景、特写镜头看，很多人看上去有不错的修养和学识，已不年轻，但也无比虔诚和景仰地看着大讲堂上比他们年轻很多的牧师。这只是匆匆一瞥的印象。后来从一些资料看到，美国的电视传教是一件很容易的事情，不少人在电视上向信徒募捐，不排除少数传道者也有敛财的嫌疑。我记忆中在中学时代，晚上戴着耳机听美国电台学英语，不知什么时候就换成了中文播放的宗教节目，那算得上是我最早的对于电波传送的美国宗教节目的印象。这个时代，自然少不了网络上及其他以各种自媒体为依托的宗教节目。

我游览西海岸是参加的华人旅行团，在自助游完东边纽约后，回过头来发现西边旅游一定错过了很多教堂，而这是美国每个地方集文化、建筑、艺术等多方面实用与象征双重意义的地标。主要客户为中国国内旅行者的华人旅行社根据中国人的爱好定制旅游景点，教堂一般不是重点甚至直接略过。在全美奢侈品最集中、全世界零售业地租最贵的纽约第五大道，赫然耸立着全美最大的哥特式教堂圣派翠克教堂（见图11），本来在我们的计划里，它是排在联合国总部、公共图书馆等系列景点后面的。十一月底夜晚的寒风让我们走进去歇歇脚，一进去立刻被震撼了。其空间高度远远超过之前我见过的所有教堂，无论多么高大的来客，进去之后都会感觉凡俗之躯的渺小。一些教徒无视周遭来来往往的参观者，跪在教堂正前方或周围的圣像前沉浸在自己与神交流的世界里。影响全世界经济格局的华尔街紧邻这座宏伟的教堂，华尔街人群步行的速度是我在美国遇到的最高的，人们匆匆赶路，一不小心就撞上别人或者被人撞，而与之形成强烈反差的安静教堂见证了华尔街的兴衰，此时我的个人感受可以换成我们熟悉的表述方式：美国人一手抓经济，一手抓信仰，两手都很硬。

"所谓大学者，非谓有大楼之谓也，有大师之谓也。"梅贻琦先生的话在美国很多大学得到印证。一些我们知道的著名大学，当你走近时会发现只占一点点地，甚至找个像样的地方拍照留念都难，老牌常春藤名校哥伦比亚大学在我看来即属于此列，然而几分钟路程之遥的圣约翰教堂建筑却气势恢宏。我所在的美国南方的特洛伊大学尽管不算有名，校园算得上美丽精致，但相比镇上的第一教堂仍稍逊风骚。由此得出这样结论应该不算突兀：在美国任何地方，最先要参观的是教堂。

图 11　位于曼哈顿第五大道上的圣派翠克教堂

美国的多数公共活动都是从宗教仪式开始，不知是否因为我多数时间在宗教气氛浓厚的南方，比如大学的开学典礼、大学之间的校际橄榄球联赛，最先的程序都是众人起立聆听牧师祷告，"阿门——"之后才正式进入活动进程。这或许也间接证明了基督教为美国事实上的国教，祷告过程并不顾及现场多种观众多种信仰。国民亦是教民，一些全国性活动的开展或总结都很重视参与者的宗教背景，如 2016 年总统大选期间，《华盛顿邮报》在接近投票日时段每天发出的各种数据，从年龄、党派、教育背景、性别、宗教信仰等角度来分析给希拉里、特朗普投票的人各自所占的比例。投票日过后的最终数据中自然也少不了主要派别宗教信徒的投票情况分析。共和党的支持者一向以有宗教信仰和重视家庭的白人偏多，此次大选结果充分表明了这一点。

在大城市、小城镇、农村地区，星罗棋布的教堂是否会利用频繁的教会活动给信徒们一些投票导向呢？我的答案是：否。大选期间我采访了特洛伊大学的美国老师问及这个问题，他们的回答是"不会"，投票选总统是自己的事。政教分离也表现在这里——在这样的大型活动期间宗教组织不会给选民施加影响。投票日的前一天刚好迈克牧师的教堂举行常规活动，我跑去教堂想观察一下大家是否会讨论这个话题，牧师是否会给予某种暗示，结果大家唱完诗就走了，宛如第二天这场举国大事不会发生一样。"左手《圣经》，右手宪法"，美国总统宣誓就职时使用《圣经》已成为美国文化传统。教皇访问美国是比总统大选更能引起人们疯狂的事情。2015 年天主教教皇访问美国之前，有一个美国老师刚好在我执教的中国国内大学，她的计划是无论怎样都要在教皇到来前赶回去，不然到时候再回去时，交通之拥堵或各种安全情况无法预计。该老师是新近移民到美国的，我不知道是否也因为她是信徒，想一睹教皇风采，以离上帝更近一些。华盛顿组织盛大的仪式，总统奥巴马亲自迎接教皇。历次教皇的访美震动政坛，引发经济动荡，引起一个城市的万人空巷。这些事都出现在世界公认的拥有全球金融心脏和占据信息科学技术排头兵位置的美国。

除了选总统，其他很多事情都要直接或间接考虑到信徒们，如真人秀节目《一见面就结婚》第一季在电视上播出时曾引起宗教界的强烈反对，认为这样的婚姻态度亵渎了宗教教义里的婚姻神圣感。虽然美国有的地区被认为是同性恋天堂，但也有不少教会和信徒反对同性恋，甚至将人权的自由和信仰的自由之间的矛盾推到大法官面前：你们出于人权给予同性恋同等权益；我们出于宗教信仰反对同性恋，因为上帝不赞成同性恋，孰轻孰重？其结果是有些郡县甚或全州保持事实上对同性恋的不同等待遇。

三　外国人在美国教会

"宗教的重要功能之一就是社会控制"①。犹太－基督教传统塑造了美国主流价值观，好莱坞电影又浸润着美国的主流价值观。某种意义上，我们很难找到一部完全没有宗教元素的好莱坞电影，这也意味着一个外国人来到美国之前，很可能已经通过好莱坞电影对于美国宗教有了一定的了解，只是不自知而已。

来美国之前，前辈告知："要寻求帮助，去教会；要吃免费

---

① 戴康生、彭耀主编《宗教社会学》，社会科学文献出版社，2000，第 170 页。

餐，去教会……"让人感觉教会约等于慈善机构。美国人重视隐私，要相互探访，哪怕是父母兄弟姐妹也要先预约，否则会被认为不尊重对方的私人空间。对陌生人来说，靠近别人的私人住宅甚至可能得到枪支伺候。对未经许可私闯民宅者，法律保护主人持枪自卫。大城市的社交活动更多一些，如果没有生活在美国的大城市，又没有先前认识的朋友或同胞，通过教会结交朋友是一个极其便利的方式。

旅居美国的外国人，少数本来在国内就已经是该教派信徒，来美国的教会只是和异国的教会兄弟姐妹在一起。而更多的人看上去和我差不多，抱着实用态度而来，为了了解美国文化、获得帮助、结交朋友。基于这种情况，基本对教会、教堂、教派的忠诚问题抱着无所谓的态度。特洛伊大学这些年十分重视国际学生，外国学生的学费已经成为该校的重要收入，也让以大学为中心的小镇有了浓烈的国际氛围。在校园内外包括教会在内的数个宗教活动场所中，我和一些留学生常常不期而遇，时间长了，相视一笑。一个教堂去一两回，然后很长时间不露面，突然又出现也不会觉得不好意思。

对那些对美国有特别打算的人，情况有很大不同。同样来自中国的 L 女士带着孩子来 T 大学访问期间，自己接受了牧师洗礼，让十来岁的孩子也接受了洗礼，孩子自称十分喜欢教堂活动。母子俩的活动基本固定在一个教堂，并和牧师及一些教友来往密切。L 女士后来又带着孩子来旅游，可以在短期内从教友家里借或被赠送从锅碗瓢盆到汽车等各种东西，羡煞了若干人。我们私底下也讨论过 L 女士的动机，到底几分是为信仰，几分为谋个人福利？教会人士和其他美国人未必不会有我们这样的考量，但应该觉得也没什么关系。当初清教徒们来美国，不也是带着

《圣经》同时也带着枪炮，在新大陆既抢夺印第安人的资源又试图传教吗？我再次肯定地认为：多数美国人心目中的上帝是很宽容的。

对于移民来说，情况又不同。新移民接近美国主流文化的急切即使在主要关乎心灵的教会活动中也很容易看出来。我曾经旁听一次华人教会活动宣讲后的讨论，一个男士问当天的主讲——一位华人牧师："您认为今年美国大选的结果怎样？希拉里、特朗普谁会赢？"另一位先生直接站起来喊口号似的："上帝保佑美国总统大选！"前文叙述过投票日前我专门去美国本土人士为主的教堂观察过，无论教会工作人员还是信徒，在我视闻区域没有任何人提及第二天的大选投票。在这里，人们毫不隐讳地提出来，是因为中国新移民身上中国人对政治浓厚的固有的热情，还是迫切地想表达作为新成员对这个国家的关心和强烈的主人翁责任感？我以为两者都有，后一原因显得有些尴尬：政教分离的习惯或者文化传统使老居民淡定对待大选，新移民表现积极，但谁来认可这种积极呢？我想出于后一原因的积极是非常需要认可的。牧师也是中途信教，他是多年前来美留学的中国移民，他没有直接回答问题也没有提明显的反对意见，只简略地讲了一下在学校、在教会等场合的政教分离。现场没有白人，笔者没有看到白人的反应，只看到口号先生显得很尴尬。

我参加的另外几场本土白人为主混合着外国人和新移民的宗教活动中，人们对于新加入者很热情，就像我初来时的感受一样，但可以推想，时间长了，很少人会一直保持热心肠。图12为某次教会活动的现场。新来者也会被更新来者代替，变成旧人，对一个移民国家而言，断不缺新人。昔日的新人特别是英语不好、不善表现的中国移民，可能在很长时间里都是教会中沉默的少数人。即便如此，美国教会对于塑造美国正面形象功劳显著，对于归化新移民、增加新来者对美国社会文化的认同方面有极大的促进作用。

图12　特洛伊大学某教会义务开展的迎接新生留学生聚餐活动，留学
生来自中国、韩国、日本、尼泊尔、蒙古、越南、印度等国家

第三章

美国种族问题：基于媒体的视角

解读美国
现实、媒介与省思

当我再次梳理美国种族问题的时候，已经离美回国，且时间紧邻美国爆发 10 年内最大的"白人至上"主义游行事件：弗吉尼亚州政府决定拆除该州夏洛茨维尔市一座充满争议的雕像，即南北战争时期南方蓄奴州的统帅罗伯特·李的雕像，引起白人种族主义者抗议，声称白人正在丧失在美国的主体地位，第二天反对者即上街游行；事件在一个 20 岁的白人男子蓄意驾车冲撞人群之后升级。舆论担忧美国白人至上等极端保守思想由此走向公开，种族歧视将更加明目张胆。媒体普遍认为这一事件与新总统特朗普因白人劳工的大力支持而上台，并在上台后实施移民收紧的政策关系密切。这一事件再次反映出，长时期隐藏民间主要限于言论自由的"白人至上"主义一有合适的机会就演化成歧视、暴力，甚至公开的杀戮。① 我难以置信，那些平时看上去温和的人，会在瞬间成为凶手，因为这个自由国度有民主的自由，一定程度也有暴力的自由。极端肇事者可能有"群氓"的心态，更体现了美国社会在和谐大熔炉的表象之下，掩盖着稍有风吹草动就难止沸腾的实质。

然而，回首在美国经历的与种族有关的事件，相比当下通过媒体了解的街头行为，我以为过去的事件是相对温和的，甚至可以说是一个移民国度必需的、带有日常性的民众情绪宣泄和社会自我调整的方式。

---

① 参见《美 10 年内最大的"白人至上"主义游行爆发 背后的问题由来已久》，http://news.ifeng.com/a/20170813/51623814_0.shtml；《白人至上主义重新抬头 极右势力走到聚光灯下——暴力冲突深深刺痛美国社会（深度观察）》，《人民日报》2017 年 8 月 16 日；《美白人至上论："我不恨亚裔就像我不恨我的狗"》，http://edu.163.com/14/0709/09/A0N1OQM400294KMJ.html。

一 肤色有别一 黑白之间

儿时家中有一本小人书，所讲故事发生在 20 世纪 60 年代的美国，两个黑人姑娘开车旅行，遇到诸多不公正对待，莫名其妙被抓进监狱，遭受包括强奸在内的各种非人待遇。后来接触外国文学，知道了表现黑人的小说是美国文学强劲的一支。小说《根》，讲一个从非洲被贩卖到美洲大陆的黑人及其后几代人仅仅因为肤色的不同而经历的悲惨生活。"根"的体验对今天的美国非裔而言，那也是属于过去祖先们的事了，如何在当下生活幸福才是最重要的。

影视领域，美国电影大师格里菲斯导演的《一个国家的诞生》（1915 年）也是一个典型的歧视黑人的文本。我们没有太多的理由苛责格里菲斯的观念没有超越该片出品的时代。好在经过几个世纪的发展，美国主流社会显的种族歧视观念没有了。美国主流社会对于贩卖黑奴、曾经粗暴对待黑人的过去有集体歉疚之意，相关题材影视剧容易获得公众好评是证据之一。我最近的体验是看 2014 年的奥斯卡金像奖影片《为奴十二年》，对一般中国观众而言，电影所展示的黑人的悲惨境遇或者不及美国南部的景观打动人心。电影的高潮部分不是所罗门重获自由，事实上十二年后他回到纽约的家中，儿女们已经长大成家，对这个突然回来的父亲充满了陌生感，幸而妻子未再嫁，物是人非的感觉使得这个本该兴高采烈的结局略显尴尬。观感最强的一段是女奴帕特茜裸身被鞭笞一段，真实的鞭痕、惨烈的叫声在盛夏午后的艳阳里使得空气都变浓烈了。虽然社交媒体的发达使得国人很容易看到美国荧屏上负责搞笑的黑人明星的表演，但由于长期的印象，到来之前我以为黑白差距应该是这个国家种族的典型问题。

亚拉巴马州属典型的美国南部，非裔人口占人口总数近三成。州府蒙哥马利市在美国内战、民权运动中有重要地位。黑人领袖马丁·路德·金在此创下系列光辉业绩。路德·金纪念教堂（见图13）、南方小白宫等系列建筑矗立在南方的艳阳天下，无言地诉说着历史。启程之前，来过美国的朋友好心告诉我：南部种族歧视严重，晚上少出门；注意提到黑人不要用"Negro"，少用"Black man"，最好用"African - American"，以免惹来不必要的麻烦。亚拉巴马州相邻的佐治亚州之州府亚特兰大市也因为黑人多治安不好。黑人给我的印象和很多人一样是双面的：一方面因为历史原因遭受不公平待遇让人同情，另一方面又是许多不安全因素的来源。

图 13　位于亚拉巴马州蒙哥马利市的金博士纪念浸信会教堂

"婴儿热死车上"事件中的黑白较量

密西西比州一个叫 Genera 的县，25 岁的黑人父亲约书亚把 8 个月大的女儿放在车的后座上，后来忘记了，导致婴儿死亡，县大陪审团准备以二级谋杀罪起诉父亲。这件事发生在我到美国之前，我到美国后从电视新闻上看到的，约书亚的女友也是婴孩的母亲向媒体表述她已经原谅孩子父亲了，希望能给他轻一些的判决。约书亚女儿之死不是美国的第一例也不会是最后一例。据媒体报道，这个"车轮上的国家"从 1998 年到 2016 年 7 月 25 日就有 682 个孩子死于高温下的汽车里，原因无一例外都是父母各种各样的粗心。约书亚的女儿出事的 8 天前，同一个州的 Madison 县，一个白人母亲忘记把放在后座上的 2 岁女儿送到托管中心，导致女儿死亡，但母亲没有被起诉。孩子的意外死亡对任何家庭来说都是一个悲剧。林达的著作《近距离看美国》中也提到中国留学生夫妇因为照看孩子的疏忽导致孩子被政府收走的情况。政府、司法机关对婴儿权益的维护很多时候超过了成年人，但让人难以接受的是，同一个州当事人面对一样的法律条文，近似的父母原因导致婴孩的死亡，一个要以二级谋杀论处，一个都没有被起诉。

在婴儿夭折的 5 月份，约书亚的辩护律师就两个婴儿死亡案件中父母所得到的天壤之别的法律对待提出抗议，认为这是公然的种族主义表现，但并没有改变地方司法机构的意愿，不知是因为程序还是约书亚女友的功劳，约书亚最终的判决结果将被推迟。

从媒体报道看，整个事件到 10 月底，可分为三个阶段。第一阶段从事件发生的 5 月 20 日发表第一篇报道到 5 月 27 日的一周时间里，新闻报道重在报道客观事实，包括时间、地点、人物、事件经过、原因，尽管辩护律师提出了司法机构处理不公平的意见，但没有引起黑人群体的反响，没有发生诸如示威游行等群体事件，原因有两个方面：一是孩子因为父亲的疏忽死亡，这是事实，大家认为父亲应该受到惩罚；二是司法机构只是商议，并没宣布判决结果，结局有待观察。第二阶段是约书亚女友对媒体表述希望男友能被从轻发落，司法机构没有明确回复。对于同一个州的白人母亲犯了同样过错却完全不被起诉的质疑，陪审团明确回复："陪审团除非得到证据和延迟审讯，否则不会起诉孩子的妈妈（The grand jury, after having heard testimony and prolonged deliberations, declined to bring charges against the mother of the child）。"第三阶段在 8 月 24 日以后，约书亚在孩子死亡后，首次面对镜头流着泪讲述自己的感受，忏悔自己的行为，而 CBS 等大型媒体在报道中有意将"黑—白""谋杀—无罪""父亲—母亲"放在一起对比，使约书亚得到更多的同情。但还是有不一样的声音，有一篇文章题目写道："打种族牌逃避将女儿留在车上导致死亡应得到的起诉（Man Plays Race Card to Avoid Charges for Leaving Daughter to Die in Hot Car）。"

懒散、不遵纪守法，这不只是美国白人，很多中国人对于黑人也有这样的刻板印象。我前几年曾看过一个实验短片：一个年轻男性从一处民宅跑出来，后面一个老人追着喊"抓住他"，当年轻人是一名黑人时，几乎所有路人都立即帮忙；当年轻人是一名白人时，路人却想办法阻挠。当然，这部短片目的性很强，一些环节的设立有失偏颇，如设置的路人都是白人。媒体对同样有过失行为的黑白父母的报道方式有很大不同。我从 2016 年 5 月下旬到 2016 年 10 月 11 日收集了各阶段的相关报道 25 篇，其中标题中带有"黑色"的报道 11 篇，有"白色"的仅 6 篇。这使得不了解事实的读者们还没有读内容就有了这样的印象："又是一个不负责任的黑人。"我也在评论中看到这样的句子："黑人总是不负责任地未婚先孕。"事实上，新闻主角已经 25 岁，有作为一个父亲的资格了。读图时代，相片可在相当程度上影响人们对人物的判断。25 篇新闻报道中没有一张白人母亲的照片，仅有的一张相关照片是她居住的社区外景，没有当事人，仅是非常普通的景观。关于白人母亲的名字、丈夫及其他情况，我努力了很久竟然一点有效信息都没有从报道中找到。涉事黑人父亲的照片则到处都有，大部分报道中他都是穿着蓝色 T 恤衫，满头小辫子嘻哈风的装扮，使他看上去比实际年龄年轻，但也更显得不严肃。黑人父亲约书亚和白人母亲都是本来计划将孩子送到目的地，然后上班，约书亚是去餐馆打工，对于白人母亲新闻报道没有说明做何种营生。婴儿被留在车上发生的事故对美国人来说也许不是什么大新闻了，但这样类似的事却得到不同的司法对待，这一点还是引起相当多的人关注。在网络新闻报道的读者评论中，有人写道："不是因为种族、性别，是因为阶级、收入，我所在的社区以前也发生过婴孩被忘记在车上导致死亡的事故，但因为他的父母是医生，没有人起诉，就好像什么事都没有发生一样。"约书亚及女友在餐馆打工，属于蓝领阶层，且工作不稳定。而白人母亲及家人是不是社会中上流人士，是不是对当地司法机构有很大影响力，且善于操控媒体，这就不得而知了。

约书亚的辩护律师从开始就对媒体说司法有失偏颇，因为当事人是黑人就得承受更多惩罚，但他的呼吁没有像其他很多事件一样引起黑人的群体行为，比如警察枪杀黑人一类。在整个事件中表现很弱势的约书亚应该也有危机公关顾问、媒体指导。他在

8 月 24 日面对 WJTV 电视台的《把女儿留在车上 Grenada 县的父亲有话要说》视频中，一改嘻哈风格，头发推成平头，穿着老成的夹克，泪流满面地诉说对女儿的思念和忏悔，塑造了痛失爱女、倍受打击的父亲形象，大大增加了同情分。

我在网上查了一下关于密西西比州种族问题的状况，结果很不乐观，诸如"密西西比种族歧视依然存在"这样的说法很多，"对黑人最坏的 5 个州"密西西比榜上有名。虽然美国内战的结果是北方战胜了南方，新兴的资本主义代替了种植园经济，但南方的种族等级观念仍然根深蒂固，黑人群体在南方更容易被区别对待。然而，我也有一系列疑惑。比如这些地方黑人数量多，其他人不是就不敢欺负他们了吗？这样黑人不是更容易争取权利吗？难道多年来黑人因为在白人主导的社会受伤太多，已经形成集体无意识？无论是否因为种族原因造成的影响，统统都应归因于种族歧视？

无论是媒体还是我个人，对于约书亚的关注很快被总统大选冲淡了，直到 2017 年 2 月份，又想起约书亚的判决结果。法院最终给了疏忽过失杀人的结论，判了缓刑五年，这个结果无论公众还是约书亚本人应该都能接受，但如果没有之前虽然规模不大，但毕竟实施了的一系列抗争行动，约书亚可能就真的被以"二级谋杀罪"论处了。即使是关于判决最终结果的报道，还是有媒体提到了那位同一个州发生类似问题但完全没有得到法律惩处的白人母亲。

群体的力量：夏洛特的黑人被杀事件

我动笔写这一段文字时，刚好是北卡罗来纳州夏洛特市黑人基恩被警察枪杀事件过去一个月。关于这个事件的处理已经下了定论还是进行到了某一步？基恩的家属获得多少赔偿？枪杀基恩的警察是合理开枪还是被起诉？太多的问题查不到确切答案。能查到的最晚的新闻报道是 2016 年 10 月 14 日，也就是家人朋友为基恩举行葬礼的那天。新闻报道对事件的处理没有提供有价值的信息。从基恩被警察枪杀、当地黑人群众上街集会抗议、小女孩热娜在集会上的动情发言，虽然事情结果没有如参与集会的黑人希望的一样——判基恩是无辜被杀，但这一事件充分显示了黑人群体的团结、群体性事件组织及实施的经验丰富和高效率。

2016 年 9 月 20 日下午 4 点左右，警察正搜查另一名嫌犯，基恩本来坐在停在路边的车里，警察命他下车，警察认为他没有听命令却拿起枪，并且对警察有明显的威胁，所以开枪导致基恩死亡。事件发生后，基恩的姐姐对着电视媒体说警察没搞清楚就开枪，并强调弟弟残疾。基恩的弟弟对媒体强调基恩是在等他的孩子放学，他拿的是书不是枪。一个邻居也告诉媒体他拿的是书。媒体把这些访谈即时放出来，结果当天晚上 9 点夏洛特街道上就已经挤满了抗议的黑人。第二天基恩的女儿莱瑞克在 Facebook 上发布视频称她相信父亲被杀就是因为"他是黑人"，他拿着书等待儿子从校车下来，他被开了四枪，他是残疾人，她还在视频中说射杀父亲的是白人警察（后面的新闻报道澄清了开枪者是一名黑人警察）。这条视频一小时有 70 万的点击量。莱瑞克的视频引起大量黑人的愤怒，大家觉得不公平，要聚众闹事。人群很快就聚集起来，大家唱着："没有公正，就没有和平！"第二天晚上，聚集的黑人群众由和平抗议转为暴力，16 名警察受伤，人们向警察投掷石块和瓶子，高速路被迫关闭。

因为黑人被警察枪杀引发暴乱的城市不止夏洛特市，其他如巴尔的摩、纽约、芝加哥、密苏里、弗格森、密尔沃基都发生过这种事件。媒体指出基恩是 2016 年截至 9 月 20 日被警察开枪射杀的 821 人中的第 214 个黑人。其带来的反应也是激烈的，骚乱持续了一周。在第二周星期一一个名为"城市女王"的集会上，由基恩事件产生的愤怒情绪还在高涨，直到一个叫热娜的 9 岁女孩羞怯又大胆地在讲台上流着泪说出她的感受："爸爸妈妈被杀让人感到羞耻。我们再也看不见他们了。我们必须去墓地埋葬他们让人感到羞耻。我们有眼泪但我们不能再有眼泪。我们需要我们的爸爸妈妈在身边！"这段视频在 YouTube 被配上悲伤的音乐，穿插数段就因为是黑人而被粗暴对待的影像资料，一个种族的伤痛让我这个异族人也被深深地触动。随后，由警察枪杀黑人引发的夏洛特骚乱也因为这个女孩的发言转为平静。女孩后来又被多家媒体采访，成为一段时间里的小明星，她面对媒体时爱说爱笑，是个活泼的小姑娘。这个孩子的家人是否参与了这场骚乱，没有媒体提及，但孩子原本应该无忧无虑的童年被染上了阴影是肯定的了。热娜对自己肤色、种族的体验是残酷的，这种体验应该也是成千上万个黑人在成长过程中的共同经历。

　　一般认为以黑人争取平等权为主要内容的美国民权运动以 1965 年选民登记法通过为结束标志。黑人奥巴马连任两届总统对黑人地位的提升有很强的象征意义，但在很大程度上也止于象征，现实生活中黑人的境遇并没有根本性改变，仅仅因为肤色遭受各种不公平待遇甚至付出生命的代价，这种事时有发生。另一方面，黑人在长时间斗争中也积累了丰富的经验。本文提到的两个例子，关于密西西比黑人父亲约书亚，无论他的辩护律师、媒体还是他自己都没有引发黑人抗议行动，从中看得出他们的理智，说明黑人并非任何事都聚集抗议；关于夏洛特被枪杀的黑人父亲，短时间内人们自发地上街集会、抗议这一事件，虽然后面发展为骚乱带来诸多不良影响，但也以另一种方式提醒主流社会：哪里有不公正的对待黑人的事件发生，哪里的黑人就会迎难而上。

两次事件有一个共同之处：代表官方对黑人行使权利的直接当事人也是黑人。在约书亚事件中，代表本地司法人员在媒体上露面的是一名黑人女性；枪杀基恩的警察是黑人，夏洛特市警察局长也是黑人。这位局长是该市历史上第二任非裔警察局长，关于他的报道中还有少年时期目睹父亲因为黑人身份受到不公平对待无辜死亡，发誓要当律师以寻求公正这么一段，而且在之前几件事件中他也以公正得到业界和民众的好评。但在调查这件非裔下属枪杀非裔百姓的事件中，他的公平、透明饱受质疑，他本人在警察局就辖区内警察枪杀黑人事件的新闻发布会上，态度模糊，且表现出了对下属的维护。不知道这样的情况，黑人群体内部怎么看。

有人说美国当代社会在"政治正确"的前提下，主流的偏向是"黑人永远正确，女人永远正确，穷人永远正确"，事实好像不是这样。当然，一个国家每天都在上演数件可登上媒体的新闻，仅凭一两件事不可能得出一个真正具有普遍意义的结论。

作为肤色最深的人种，黑人在世界各地出现的形象以两级化居多。我再次修改本节时，刚刚过去的 2017 年 2 月，法国巴黎东北部市郊城市发生因一名黑人青年和警察对峙受伤引发骚乱的事件。黑人要么是种族歧视的受害者，要么是体力强健的施害者。黑人因为从非洲大陆来到世界各地的黑暗历史和绝对人口的数量，总是容易引起关注。当下世界，明显的种族歧视、种族主义对多数文明社会来说已经成为历史，但各种隐性的种族区别对待无处不在，真正建立在相互尊重、相互理解基础上的种族和解恐怕还需要较长时间。

二 肤色有别二 黄、黑及其他

作为一个移民国家，来自各个国家的移民之间的关系在相当程度上影响了美国的政治、经济等。刚来美国，差不多时间到的另一位访问学者说："我们之前的同事回去说，反正这边就是白人看不起黑人，黑人看不起黄种人；拿到绿卡的看不起没有绿卡的；先来的看不起后来的。"这一幅民间等级图描绘的世界并不那么讨人喜欢。

校园里的微政治

很多论著都在说这个时代已经从"大政治"进入"微政治"，连我们这个国家传统上习惯内敛的国家领导人，也开始在着装、表情、肢体语言上下功夫。第一天进美国的大学课堂，先是类似于校级公选课的"传播学介绍"，近百人的大课堂，学生来自文、理、工、艺术、医学等学科，几乎包含了所有专业。先来的能挑选地方坐，后来者只能就空座位坐下，学生的选择不太明显。接下来是三十人左右的课堂，第一天上课奠定的格局后来没有再变，即便哪个学生缺席了，也没有人坐暂时空了的座位。第一二排是黑人学生，三四排白人，第五排六个中国学生，第六排白人和黑人分别三个各坐在两端。我总共旁听了三门课，除了大教室，其他两门课都是这样：课堂按照色块分布，黑白黄各占一块，基本不穿插。肤色即人种认同，这种选择既有下意识的，也有出于共同的文化经历、共同的母语、共同的文化根源的考虑。少年时刚刚学英语，老师就提及黑人英语有很多俚语，即使同一个国家的白人也未必能懂。

开学典礼上的特洛伊大学的乐队惊艳了我。几百人的管弦乐队，经过长期在操场上的刻苦训练，成为所有集会最亮眼的存在。女子啦啦队更抢眼，不过我很快就发现校园啦啦队中的黑人女孩很少，只有百分之十左右，与校园的黑人比例极其不相符。何况通常我们认为黑人天生会跳舞，有更强的肢体表现力。这几颗"黑珍珠"被排在队伍很不显眼的位置。图14是学校非裔学生诗歌朗诵活动的海报。

图 14 特洛伊大学非裔学生诗歌朗诵会的海报

特洛伊大学在美国名气虽然不大，但国际生很多，其中中国学生数量最大，特别是在我到来的 2016 年秋季学期。然而我所到的课堂里，不知道是语言障碍还是其他原因，中国学生的存在感很弱，老师提问，从没有中国学生主动回答。中国学生在课堂以外的其他时间里，抱团生活。他们和别的种族的人交往怎样？有一个个子高大的体育专业的男生，不但擅长多数体育项目，还烧得一手好菜，某些菜的水平超过了餐馆普通厨师。他告诉我，一次和黑人打球，黑人不屑地说中国人是猪，中国学生非常生气，发誓要打赢黑人学生并要他们道歉，结果如愿以偿。他有一个白人朋友，那位朋友的父母很看不起黑人，叫孩子不要和黑人交朋友，但挺喜欢中国人。"因为他可以免费吃到美味的中餐"，他身边朋友的插话或许点到了关键。

正值青春年华的留学生们，在异国可能会经历一场或几场恋爱，也许就此结婚、成家。中国学生无论男女，愿意接受黑人作为人生伴侣的比例极低。男孩比女孩更保守，很多男孩的底线是亚裔女孩，至少外表看起来是一个种族。我知道的一个已年过三十在国内被视为"剩女"的访问学者，赴美找个老外于她是个十分明显的目的，但面对一个外表在黑人中是上乘的警察的追求，她还是下不了决心，无奈归结为一句话："谁让他是黑人呢?!"即便自己不介意，带回国去父母也接受不了，想想生个娃可能还是黑的，长痛不如短痛，遂舍弃了。特洛伊大学教师中的亚裔、非裔不少，我接触到某学院的一名亚裔老师，他会邀约几个朋友来访学楼串门，其中有华裔、韩裔也有本土白人。在我们看来，每次聚会都是这名亚裔老师出钱、干活等，这种行为是刻意地讨好其他人，还是从其他地方得到补偿获得平衡也就不清楚了。

《遇见劫匪》和华人持枪游行

2016 年的华裔遇到的事情比较多，在 Google 搜索 "Chinese - American"，来自 2016 年的新闻多于前几年，当然也可能因为过去的新闻不少已经被删除。巧的是，震动华裔世界的几件大事都发生在华裔与非裔之间。4月份华裔警察梁彼得误杀非裔青年案宣判，在此前后一直有华人游行抗议陪审团对梁的结论；9月底佐治亚州华裔女性陈凤珠枪杀入室持枪劫匪；10月初费城等地华裔抗议嘻哈歌手YG煽动抢劫华裔的歌曲并上街游行，这是首次华裔持枪游行。

　　如果要评选2016年度华人英雄，36岁（有的媒体说是39岁）的陈凤珠必定榜上有名。陈凤珠是居住在佐治亚州Gwinnet县的水产生意老板，2016年9月16日早上4点，3个持枪黑人歹徒闯入她家，在歹徒在仓库及其他房间探望，大概正在估摸贵重物品藏在哪里时，陈凤珠从卧室冲出来，面对3个持枪的大男人毫无惧意，她穿着睡衣，勇敢向歹徒开枪，打死1人，另外2人逃跑，并及时报警。陈凤珠的行为在美国社会得到极高评价，没有人认为她不应该开枪，为保护自己的生命、财产而战受到众人好评；她面对敌众我寡时的沉着、冷静更被数人称赞。监控拍下了陈凤珠与歹徒交战、与警察局互动的全过程，影像传回中国，中央电视台专门播报了这条新闻，十分肯定她的勇敢。陈凤珠面对国内媒体的采访很平静，表示没有想那么多，仅仅想着自己的房子不能让外人胡作非为。陈凤珠的丈夫买给她枪时间不长，才进行过一次实弹练习，但她危急时刻发挥得如此之好，不由得让人称赞。性别身份使她的形象很快传到其他文化圈，包括美国之外的其他国家，成为以弱击强的典型。对美国国内的华裔而言，陈凤珠的意义更非同寻常，甚至有人称陈凤珠事件意味着美国华裔社会形象的转型。很多年来，华裔不像非裔那样人口数量大，在这个国家时间长，非裔一方面遭受到更多不公平待遇，另一方面也更具有反抗精神。改善非裔待遇，成为历届总统竞选的口号之一。华裔人口数量少，一向遵纪守法，即便有不公平待遇，也是能忍则忍，"沉默的羔羊"是很多媒体给予华裔的评价。陈凤珠事件在一定程度上打破了人们对华裔的这一刻板印象，美国境内的华文媒体给予了她高度评价。

没有明显的证据表明陈凤珠事件中的罪犯即那3个黑人青年是否受到黑人嘻哈歌手YG歌曲《遇见劫匪》的影响，该歌曲在YouTube上已经传播2年多了。针对华人的抢劫案件近几年有明显增加，因为华人在海外炫富的新闻在中国国内的受众也时有耳闻，加上华裔一向不赞成以暴制暴和人口数量少，因此成为美国犯罪人士的主要目标之一。《遇见劫匪》对抢劫华裔火上浇油，歌词写道："第一步 找到一个房子 打量一番/找到一个中国人的社区/因为他们从来都不相信银行啊/第二步 找到一伙人和一个老司机/还有一个按门铃的人……"歌曲是一个简版的抢劫指南，包括如何找到打劫对象，进门后要找首饰记得尽快将其变成现金，然后迅速逃走——每个步骤都涉及，有很强的针对性。长期以来，华人特别是早年来美国的华人由于语言和家乡习惯，爱把现金或者约等于现金的珠宝放在家里。《遇见劫匪》的指南意义和现实中华人被劫事件的增加在这一点上互为证明，效果恶劣。我在美国期间，就听闻媒体报道一个非裔在拉斯维加斯枪杀一名华人导游，审讯嫌疑人问他为什么开枪，他的回答令人哭笑不得："他是中国人，他们都说中国人有钱。"事实上这个年轻的导游就没有几个钱。艺术既可以彰显人类社会的真善美，也可能放大人性中的罪恶，这个罪恶在有的受众那里成为对现实的反讽，使其自觉规避其影响，但在另一些受众那里，却可能成为具有社会学意义的样板。

应该是受到陈凤珠事件的激励，10月份多地华裔汇集到费城，开展了美国华裔历史上第一次的持枪大游行。在一个民主同时又是多种族聚居的社会，除了向主流社会、国家机器吁求保护（事实上，如果群体数量过分单薄，这种吁求短时间很难有效），拿起武器自卫是最有效便捷的方法。虽然《遇见劫匪》仍然在YouTube 上，但华裔游行并向白宫请愿的举动以及华裔改变自身形象的努力应该会使华裔群体在全社会更有话语权。

发生于 2014 年的纽约华裔警察梁彼得误杀非裔青年的事件，2016 年 4 月份才最后判决，最后的结果是梁彼得被判缓刑 5 年和社区服务 800 小时，远远好于最初的谋杀指控及可能带来的 5 到 10 年的监禁。重看当时的诸多报道，非裔青年在医院身亡，他是当年众多被警察误杀的黑人中的一个，但是非裔人群得知开枪警察是华裔后，如发现新大陆："他不是白人，是亚裔！"随后一直有支持梁彼得的华裔和支持死者的非裔双方的游行，对于梁彼得最初的指控在警界是非常严苛的。我从众多新闻中得到的印象是这样的：警察在执勤过程中误伤甚至误杀他人特别是非裔，大部分都没有被起诉，更不要说以谋杀罪的名义被起诉。但这一事件却是例外，而这一切只因为警察长着一幅亚洲人面孔。

华人在美国社会的处境一直说不上很好。由于华人缺乏话语权，历史上其形象多数时候任由白人为主的美国大众媒体打造，时而被抹黑妖魔化，时而被洗白，具体如何操作要看当时美国主流人群的需要。陈查理和傅满洲这种好莱坞历史上经典的华人形象的出现，即体现了这一点。

林达在《近距离看美国》中提到美国的一些事务，看上去是少数族裔和白人主体之间的问题，后来发现是少数族裔之间的矛盾。虽然没有亲临现场，但以上提及的 2016 年度直接发生于华裔与非裔之间的事件，刚好为我通过网络、电视同步关注，这些事件并没有引起大规模的华裔和非裔之间的冲突，双方都通过在法律允许的范围内的游行、示威，给司法机构施加压力，以获得对自己有利的结果。

生存压力更大的少数族裔之间的摩擦不会停止，前文提及华裔及在美国暂居的华人对黑人的偏见根深蒂固。我也见过一些华裔对墨西哥人的态度，两个华裔提及一个打黑工的墨西哥人说的是："他们老墨儿，只要给钱，啥都干！"

白人主导社会的少数族裔之间①

美国社会黑人与白人之间的矛盾从第一个黑奴被贩卖到北美大陆就开始了，并将一直延续下去。美国是白人主导的社会，除了黑人，还有数量颇多的拉丁裔、近年数量增长很快的亚裔以及其他少数族裔。回想美国建国史，大概可以简化为：一片蛮荒地，白人作为闯入者，先占领了，大量屠杀本土的印第安人，从非洲买来黑人为其干粗活；国家成立之后，设立规则和苛刻条件，允许少量其他族群进入，一方面想给世界一个多族群自由和平共处的印象，另一方面又希望让白人之外的少数族群能按照白人制定的规则生活在一起，规则的实质仍然是白人受益为主。旅居美国的几个月时间，要充分感受和领会这一点比较难，好在一些资料为得出这一结论进行了很好的补充。

我无意中看见"模范少数族裔理论"，觉得这是当下部分美国人认为亚裔优秀，甚至于需要防止亚裔对白人权利产生威胁这类观点的来源。这个观点的某些文献又漂洋过海来到中国本土，

---

① 本节参考黄际英《"模范少数族裔"理论：神话与现实》，《东北师范大学学报》（哲学社会科学版）2002 年第 6 期。

滋生了不少中国人对于美国黑人"懒惰，靠吃救济"的印象。"模范少数族裔理论"是 20 世纪 60 年代民权运动背景下，联邦政府在通过一系列反种族歧视法规的形势下出台的。其源于加州大学教授威廉·皮特森在《时代》杂志发表的《日裔美国人的成功》一文，20 世纪 80 年代该理论再次升温，赞美范围由华、日裔扩大到韩、菲、越等亚裔族群。该理论表面上夸奖了亚裔的勤奋、自律，不靠任何外力帮助自力更生取得成功，实质是借夸张宣扬亚裔族群的成功实例，影射黑人的惰性及其对联邦政府的经济依赖，结果不仅掩盖了亚裔族群遭受的种族歧视，而且煽动了其他族群特别是黑人对亚裔族群的不满。美国主流媒体乐于散布"中国威胁论"：中国什么都厉害，中国人有钱。这种认识首先落在美国的华人身上，结果就是让一些黑人完全搞不清楚状况地认为所有华人都有钱，所有黄种人面孔都成为他们打劫的潜在对象。

我在美国的暂居地为南部，大部分华裔人口居住在美国东西海岸，特别是加利福尼亚州，对于华裔家庭培养子女的努力、父母的勤勉持家没有大范围的感性认识，对他们主要还是从美国的媒体得来的印象。我遇到的移居美国时间较长的个体华人家庭，仍然很努力，比如从国内高校辗转来到 T 大学附近另一所大学任教的老师，他的妻子提前退休来美国照顾家庭，没有收入，他们的两个女儿在加拿大读书估计没有或者有额度很低的奖学金，丈夫工作十分努力，妻子善于持家，将"一分钱掰成两分来使"的本事在美利坚的土地上发挥得淋漓尽致。虽然已经来美国好几年了，妻子基本没有购买过像样的服装、包等中国人在美国通常爱买的东西，但他们对女儿未来的设计，十分周到和细致。

刚来特洛伊大学，比我先到的访问学者警告我夜间少出去，因为这个州的黑人挺多，如果一定要出去记得带点"买命"钱，以前是二十美元，现在可能得五十美元。自始至终，我及周围的人都没有遇到被拦路打劫的情况。唯一听来的是以前的一个男性访问学者曾经遇到一个黑人老头向他伸手，也没有拿武器之类的，他就把身上的全部零钱都给老头了，数额很少，老头就走了。黑人的数量虽然多，但在高级别工作领域里所占比例很少，大学也算其中之一。特洛伊大学的教职人员中，我所见的黑人确实不多。我的邻居，一个从国内来孔子学院教授汉语近两年的老师，有两个关系比较要好的朋友都是黑人，另外一个访问学者暗地里说："她倒是想和白人交朋友，人家不乐意啊，请上门人家也不来。"这是酸葡萄心理作用还是中国人自带的根深蒂固的种族歧视使然？然而这些促成我的印象是黑人和华裔之间的关系，在有的地方也不差。或许因为一叶障目无法使人看见种族关系的全貌，姑且留下这段不算糟糕的回忆吧。

第四章
关于美国媒体的考察

解读美国

现实、媒介与省思

　　媒体是美国的第四种权力；美国的媒体是全世界最自由的；美国媒体产业全世界最为发达；美国的新闻最有公信力……到美国之前，我对于美国媒体的印象几乎全是正面的，美国就是媒体、媒体人的乌托邦。

　　访学期间，曾参加了一次由教授带队访问位于蒙哥马利市、隶属于 NBC 集团的一家缩写为 WSFA12 的小电视台的活动（图15 为作者在电视台门口的留影），该台主要负责亚拉巴马州和佛罗里达州的新闻制作，当时正值飓风袭击佛州，电视台一片繁忙，但与我在中国国内体会到的紧急时刻媒体通宵达旦的忙碌情形相比，还是显得冷清和节奏慢了。座谈中，我了解到一位已经毕业在此实习（约等于我们所谓转正前）3 个月的女孩，年薪只有 2 万美元，我将此信息发到朋友圈，一大拨国内朋友被惊到了。亚拉巴马州收入在全美本来就排在后几位了，此女的收入比州平均年收入还要低 1 万美元左右。要维持正常的工作和生活，她必须另外打工或者至少住在父母家以免去房租。这是初涉媒体的美国年轻人生存状况的一个缩影。我想起曾经在中国国内听到的一个外国记者的讲座，针对听众提问记者如何在社会责任和想要挣更多钱之间取舍，老外毫不迟疑地回答："想要挣钱，就不要当记者！"特洛伊大学新闻专业老师也告诉我，媒体从业人员起步的薪水都很少，基本都兼职或者住在家，但只要愿意，积累一定经验后就不停地往更大的城市、更大的媒体流动，薪水就会越来越高。看上去，这是一条前途光明、过程曲折的路。

　　我在美国接触的无论是新闻传播还是影视制作的业内人士都十分有限，相比之下，对媒体内容的了解更深入。

图 15 笔者和美国同学一起参观位于蒙哥马利市的 WSFA12 电视台

一 仿像与真人秀

这是一个仿像世界，让·波德里亚对当下世界的论断在很多地方被证实。1998 年派拉蒙出品的电影《楚门》准确来说是一部关于真人秀的电影，尽管该片能解读出深邃的关于个人处境的自返式认知。《楚门》不是真人秀节目的前身，后来风靡世界各国的真人秀节目在我看来也没有哪一档的思想深度可与之相提并论。因为有网络传播，去美国之前对《美国偶像》《学徒》等真人秀节目有所了解。真正到了美国看了电视上五花八门的真人秀节目，对这个当今世界媒体最发达的国家的电视节目尺度之大、想法之千奇百怪还是有震惊体验。

我先后看过以下美国的真人秀节目：《裸体约会》《一见面就接吻》《一见面就结婚》此三档是给人印象深刻的与婚恋情感相关的真人秀节目；《选美小皇后》是一档 2 岁左右小女孩的选美真人秀；《鲨鱼坦克》（又翻译成《创智赢家》）是一档通过展示实力吸引评委投资加盟的真人秀；《砍》是一档西餐烹饪比赛的真人秀。① 在某些文化圈里，欲望通过传统、规制等使其始终处于被压制状态。我身处宁静的美国乡间，看见时不时有惊人之举出现的电视画面，有时很迷惑：宁静的、疯狂的，自制的、奔放的，到底哪个才是真的美国？

婚恋节目约等于实验

我在国内对婚恋节目的印象基本停留在《非诚勿扰》中纠结于宝马车还是自行车的段落，争议无非停留在某位嘉宾出格的着装或言语，或者湖南卫视《我们约会吧》中一大拨人搔首弄姿地等待异性的青睐，无论哪种，都是娱乐为主，无伤大雅。如果把《裸体约会》一类节目看成美国婚姻恋爱的微缩版那就大大上当了。我首次在 VH1 电视台看到也是大吃一惊，在国内有耳闻，但没有真的看过，真的看了脱得光溜的嘉宾，震惊之余，赶快把电视画面拍下来发在微信上。结果收到朋友留言无数，都觉得尺度大得惊人，同时也很奇怪为什么没有任何机构对此类节目提出抗议，无关乎言论自由，至少要考虑观众中有很多未成年人。其播放时间在不停地有广告打断的情况下，从下午持续到晚上十点左右。

事实上，此节目在 2014 年第一季开播时，抗议声不少，后来

---

① 节目的英文名字依次为：Dating Naked、Kiss at the First Sight、Marry at the First Sight、Toddlers and Tiaras、Shark Tank、Chopped。

大概观众也就习惯了，并且节目也没有引起社会风气的逆转。对于裸体的看法，东西方向来差距很大。西方雕塑和人体渊源深远，有健美的身材并大胆地秀出来是西方视觉文化很重要的组成，各种模特、人体艺术照都源自西方，西方观众觉得很美，不会觉得不好意思。以欧洲移民后代为主体的美国人对于人体的看法自然可追溯到古希腊，古希腊无论现实中的人还是神话里那些搅动神心和人心的人与神，无不具有健美而外露的身姿。日常生活中，美国人对于美丽的裸体也是欣赏的态度，我试图在这里买一件游泳衣，结果发现全部是三点式比基尼，国内那种裙装样式的完全不见踪影。我曾去有清澈水潭的大雾山国家公园，很多人到此忍不住下水游泳，但非事先计划，于是我们一路上碰到上身只穿着湿漉漉的胸罩的各年龄的女性。人家很自然，观者如果过于执着地盯着看，自己反倒不好意思。《裸体约会》即使在美国的电视真人秀节目中，也算尺度的极致了。年轻的男女见面，特别是男性见到心仪的女性会有生理反应，男性生殖器最能直观地表现这一点，虽然画面有马赛克，但保留了见面双方的语言和表情，让稍有经历的观众非常清楚是怎么回事，这是幽默还是对观众欲望的引诱？

《裸体约会》试图把人还原到《圣经》所描述的伊甸园时光，男人和女人、亚当和夏娃，没有任何外物遮挡地相处，将人还原为原初状态的自然人。如果这个算实验比较勉强，《一见面就结婚》则是一个严肃的实验。该节目从应征者中选择身高、体重、血型、教育、职业、家境、信仰等各种外部元素都很匹配的男女，接着让他们第一次见面就各自作为对方的新娘、新郎，然后跟踪拍摄他们作为夫妻生活在一起的六个星期。六个星期后他们自行决定继续生活在一起还是离婚。从网络上视频的留言看，很多网友表示羡慕，认为节目组比他们自己考虑得还要周全。节目在开播时也遭到宗教人士的抗议，理由为婚姻是神圣的，不能作为实验。相比《裸体约会》不停冒出的状况，《一见面就结婚》节目形态比较严肃，婚后两人之间的各种摩擦和现实生活里任何一对夫妻的状况有很大的相似之处。《一见面就接吻》虽然节目开办的目的是希望人们通过第一次接吻就找到真爱，但画面看上去确实很具有挑战性，在一个布置得十分具有超现实色彩的演播室里，陌生男女从不同的方向走到一起，接吻。也有吻不下去的情况，多半因为女方没有办法把动作完成，此种情况出现时，男嘉宾虽然一方面表示理解，另一方面也对工作人员表示很受伤："我很糟糕吗?""我很难看吗?"这个真人秀如果也算实验的话，我以为有一定哗众取宠的意味。

现实婚姻的不尽如人意使得人们对荧屏上的婚恋真人秀节目有很宽容的态度。现实生活中对保护隐私的高度重视使人们对荧屏上的各种私密信息的暴露保有好奇之心，即便是生活中对身体的裸露习以为常的美国人。从另一个角度看，类似节目的顺利播出也需要男女平等观念真正深入人心，节目中，男、女露的一样多，男、女承受的一样，但从观众反响看，不同文化圈的观众反响差异很大。《裸体约会》在节目开播不久就被一些在美国的留学生介绍到中国，包括视频资料，中国国内受众对于节目的大尺度基本都持批评态度，且对于参与节目的女性出言更不客气。2014 年 8 月参与该节目的一名女嘉宾状告 VH1 电视台的母公司，要求其赔偿，原因是有一期节目她有摔跤场面，节目没有遵照合同给女性的胯部打马赛克，造成私处被直接呈现在荧屏上。该信息很快被翻译成中文发在国内的网站上，但是留言者几乎没有一个人认同女性参与者的做法，或者给予一定的同情，或者就事论事讨论，都认为该女子"做了婊子又要立牌坊"，评论充满了侮辱歧视性语言。在中国，通过网络看国外节目的多为年轻人，他们尚且这样认为，更不要说上了年纪的人看这类真人秀当如何反应了。

对于在我的微信朋友圈反响热烈的问题，我身边的几个美国人都不感兴趣。一个教外国人英语课的中年美国老师对我的问题"对《裸体约会》的看法"的回答大概能代表美国人普遍的心态："噢，你说那个节目，十几岁的孩子可能会喊几句'快看了，衣服都不穿！'我会看一眼，然后赶快去看我的美式橄榄球赛。"

孩子的真人秀

在国内我对于美国人养育孩子的印象全部来自媒体和别人的著作。美国人热爱自然、崇尚自然的放养方式给笔者的印象是，对孩子不怎么管，任其自由成长。到了美国，遇到的小孩，无论是刚刚会走路，还是接近成人的大学生，都喜欢脱鞋子，光着脚丫子到处跑，坐在地上、椅子上、桌子上，极其随意，校园里几乎没有美国本土学生在平常穿比较正式的衣服，夏天清一色的 T 恤衫、运动短裤，直到看到《选美小皇后》。

这档真人秀将父母特别是母亲打扮女儿的本事发挥到极致，节目播出之初也受到争议，主要是因为对于孩子过分成人化的装扮。所有孩子都化浓妆，口红、假睫毛、眼线、烫发等一样不落下，为了在台上赢得评委的青睐，各种情景都被搬上舞台，如有位妈妈就让女儿在舞台上叼着香烟，虽然是假烟，还是受到批评。通过层层淘汰，当选为小皇后的女孩自此生活也难回归平静，成为广告、各种公开活动中的常客。新闻报道中有个妈妈为了维持 3 岁小皇后的外在，用于置备各种行头的月开销近 5000 美金。谷歌显示美国人的人均月收入 2011 年才只有 3769 美元。国人对于"不要让孩子输在起跑线"上的家长所表现出的急切心理，常持批评态度，特别是对于小小年纪的孩子们的"造星"行动。传媒时代，这样的家长每个国家都不缺乏。另一方面，如果小选手 3 岁以上，基本都拥有舞蹈、唱歌、乐器等方面的才艺。这源于孩子的天赋和家庭投资，来参加比赛的家长，无不有"望女成凤"的心情。

来美国发现各种厨师真人秀节目有很高的收视率，还有一个频道就叫"Food"（食物）。该频道播放的是各种围绕厨房的真人秀，其主题是制作最好的食物、最差的食物，谁是厨房表现最手忙脚乱的。各种烹饪真人秀都不乏青少年的参与，看到那些年纪不大的小厨师在厨房游刃有余，笔者立即想起"治大国如烹小鲜"，厨房对一个人的锻炼是非常全面的。在一期名为《砍》的西餐比赛真人秀节目中，一轮一轮的比赛是让选手用规定的食材在规定的时间内制作规定的食物，介绍自己的成果，然后由评委决定谁做得最好，谁被淘汰，上场的选手均为 13 到 18 岁的少男少女。我收看的几期中，年龄最小的是一个 13 岁女孩，她沉着冷静，解说自己的作品时落落大方，最后赢得当期的冠军。即使是那些没有晋级的选手，在赛场上的表现也是可圈可点，原因除了小选手自身的钻研劲头外，一定有父母的精心指点或者请专业厨师进行过指导。在中国国内，愿意让孩子学习如何做菜的家长恐怕是少之又少，即便是学习，多半也是在成年之后实在没有其他选择才让其学厨。一般家境好的家庭，家长愿意让孩子学习琴棋书画、运动球类，没有人会把每天必不可少的烹饪作为业余爱好并有意培养。

烹饪节目在美国之外的其他国家也颇有市场，四川的"金熊猫"国际纪录片节前两年曾颁奖给一档加拿大制作的以手机为主要终端的节目《世界厨房》（*One Wold Kitchen*）。换个角度，烹饪事关每个人的生活，是极好的锻炼操作能力的事情；烹饪事无巨细，对一个人的统筹规划能力有很好的锻炼；热爱烹饪的人一般热爱生活，朋友也比较多。这样看来，烹饪节目的流行，热衷于上节目的年轻人增加，这些现象对个人、家庭、社会都是极好的事情。

我还看过一档表现女孩成人的真人秀节目，参加者为 16 岁左右的女孩，节目相当于这一天电视台工作团队和家人给她一个成人仪式。家人等在外面，工作人员将女孩像公主一样精心打扮，大幕拉开，女孩无比美丽地出现在亲人朋友面前，先前那个穿 T 恤、牛仔裤的普通女孩美得不可方物，一般都可以让亲眼看着她长大的众多亲人热泪盈眶。女孩优雅又真诚地向父母、长辈表达对他们养育之恩的感激。高潮部分是父亲邀请女孩共舞，其他亲友也一起跳舞。这是一个即将步入成年的女孩的成人式，也是这个家庭的大聚会，这个女孩自此也会在同性的羡慕和异性的青睐中开启人生的新篇章。无论今后这个女孩怎么样，这个经历都会让她印象深刻，很少人能如此幸运地被打造公主的团队选中并真正变得和公主一样，哪怕只有几个小时。这个真人秀节目对于塑造孩子信心、增强家庭凝聚力等都有相当的好处。图 16 是我所在的特洛伊大学的校园电视台里的场景。

图 16　特洛伊大学校园电视台内的工作场景

真人秀上的"美国梦"

很多真人秀节目帮助人们实现梦想。客观地说，所有真人秀节目都是帮助人们实现梦想的，它的魅力就是让观众看到和他/她一样的普通人在荧屏上梦想成真，从而激发普通观众观看参与的热情或者在现实生活中的斗志。

从《美国偶像》选秀舞台上一炮走红的苏珊大妈是中国人最早熟悉的美国真人秀节目明星。臃肿的体型，绝对缺乏吸引力的外在，这种形象在她开唱的刹那被颠覆了。人们从开始以为她走错了地方到愕然到醒悟并给予热烈的回应，苏珊大妈把真人秀节目自带的戏剧性充分地表露出来。

我观看的名为《鲨鱼坦克》的一期，一对在加利福尼亚某市做类似于烧饼的食物的兄弟来申请资金扶持，他们制作了精美的视频，充分展现了食客对他们制作的食物的喜爱，向评委展示了详细的财务报表以表明这是一个非常有投资价值的店铺，最终他们获得了评委的青睐。尽管兄弟俩做了充分的准备并努力保持镇静，手还是忍不住轻微发抖。胆怯或者激动之情是难免的，毕竟那是十万美元以上的投资，能拿到或者失之交臂全凭评委的刹那一念。

美国人的冒险精神在真人秀节目中也得到很好的体现，如《幸存者》《极速前进》等节目，《学徒》是职场的微缩版。类似《乔恩凯特和他们的八个孩子》是家庭真人秀节目，这类节目常常状况迭出，引得观众们开怀大笑。

《小妇人》（*Little Women*）是我在美国看见的一档残障人士为主角的真人秀节目，参与者均为患了侏儒症的女性。她们虽然个子小小，但和普通女人一样热爱打扮、八卦、秀自己，一样会嫉妒与恨，一样渴望爱与被爱。我只看过其中的几期，但她们给我留下强烈的有主见与个性的印象，使得人人生而平等的观念在我心中更加深入和具体。参与节目的其他人士，医生、服务员或者任何一个路人，对这个特殊群体表现出的没有任何意外或其他让人尴尬的表情，也表现出这个国家对残障人士的一视同仁。我在特洛伊大学遇到的高度弱视接近盲人的音乐专业男生约书亚就生活在我们中间，他每天用盲棍匆匆行走在校园里，如果不是多了一根棍子，根本看不出来他是有残障的人。约书亚在校园里知名度很高，但我从没有听到任何关于他的议论，其他学生碰到他都会不约而同给他让出安全的空间，不会有人前去帮忙给他带来尴尬。约书亚对于中国文化特别是音乐有浓厚兴趣，乐于和中国来的学生及学者交流，给人感觉十分自信，他对未来也有自己的规划。他比《小妇人》真人秀更真实地展示了这个国家人人平等的社会环境。

当今时代，几乎每个国家都有自己的真人秀节目，各种各样的真人秀节目或者反映了社会中某些东西的缺失，或者表现了人们的欲望。吃喝拉撒、婚丧嫁娶，真人秀几乎无所不包，把全部的真人秀组合起来称为美国社会的哈哈镜未尝不可。真人秀节目所呈现的众声喧哗很容易使观众感觉全社会都如此，所有的人都忙于此，成为真实社会的仿像。事实上，热闹只限于荧屏、网络、电视人和参与电视节目的人。观众也只是全部观众中的一部分，就美国而言，很少有真人秀的影响力能超过美国足球，2016 年没有一个真人秀的影响力可以超过全球瞩目的最大"真人秀"——总统竞选。

二 政治与媒体：基于 2016 年美国总统大选

"在美国，就算是一条狗，也能当总统。"这句笑话的背后含义是对美国的民主和制度化的高度赞扬。自从有大众媒体以来，总统竞选也是媒体大战。总统上台、下台，就任期间的大小事件，经过媒体的传播或影视故事的演绎，都可能比事件本身更具有传奇性和公众效应。如取材于水门事件的好莱坞大片《尼克松》《总统班底》。克林顿总统和实习生莱温斯基的事件至今在YouTube上还能找到，1998年1月26日下午克林顿面对媒体笃定地说："我和那个女人没有性关系。我要为美国人民工作了。"到同一天的傍晚，在同一间屋子的同一把椅子上，克林顿向全国人民承认他和莱温斯基有关系。媒体将总统半天内戏剧性的改口传播给了全美国及全世界的观众。即使在一个民选政治领袖的国家，总统仍然时刻引起媒体的关注。

喧嚣的2016年，美国总统竞选终于落下帷幕。众多电视频道已经回归正常，电视剧、电影、真人秀节目全部回来了。虽然公寓的常规新闻频道MSNBC的政治版块每个时刻仍然高频关注新旧总统交接之际的系列事情，但连纽约的特朗普塔（Trump Tower）前面的示威者也随着寒风离去，总统竞选已经淡出人们的视线。尽管2016年总统大选早就启动了，我真正定下决心来认真关注它时，距离投票日只有10天了。

媒体大战

在最后十天里，众多的媒体都以"驴象之争"为中心。没有指导意见，没有什么会议统一精神，所有的媒体这一段时间都集中关注美国国内，关注四年、更多时候为八年的白宫易主。

我在电视上重点观看了MSNBC的新闻，网站上关注了CNN、华盛顿邮报、纽约时报，这些媒体均为权威、具有精英姿态的资深媒体（图17为CNN总部内景之一）。我初看之际，注意到几

图 17 位于亚特兰大的 CNN 总部内景之一

家媒体里特朗普的出镜率明显高于希拉里，于是得出这几家媒体更关注特朗普的结论，并就这个结论和特洛伊大学的几位教授展开对话，结果很出乎意料。R 教授说："你搞错了，他们虽然报道了众多特朗普的信息，但是为了让特朗普出丑，他们都是为希拉里说话的，很多年来都是站在民主党一边。你还要看看 FOX 电视台、Drudgerepoter 等媒体。" J 教授则道："不要看其他，就看 MSNBC、CNN 就可以了。" 当我把 R 教授的意思告知 J 教授时，他说："他们的观点太不一致了，我怕你被搞糊涂了。" S 教授忧心忡忡："我也喜欢看 MSNBC，我是俄罗斯移民的后代，我和我们家一直喜欢民主党，我希望希拉里赢，但是结果可能不尽如人意，太多的受教育程度低的人喜欢特朗普。" 我对 S 教授表达了对特朗普的看法：说话不着调，一点不像之前总统给我的有修养的印象。S 教授说自己极不喜欢特朗普，至于特朗普的表现，从来都这样，他已经很出名了，到处都有他的身影，但那些受教育水平低的人喜欢他。如果特朗普当选，S 教授为美国的未来深深忧虑。S教授还透露，与她关系最好的友人支持特朗普，她俩多年的友情可能因为这次大选结束。我感叹："友谊的小船说翻就翻。"几位教授的态度能在一定程度上代表南方知识分子对于传统主流媒体的态度：认可度比较高。他们和初来美国的我有类似的取向：从传统主流媒体了解时事。

希拉里和特朗普相比，尽管特朗普已经是美国媒体的红人很多年，显然希拉里的团队更善于运用媒体打造形象，但特朗普的路数也不差，恰好和希拉里形成对照。我印象最深刻的特朗普荧屏秀是在一档谈话节目中，男主持突然问能否把他的头发弄乱，特朗普同意了。众所周知，特朗普的头发本来就稀少不成型，男主持起身将特朗普虽然有点怪但顺溜的头发搞乱，全场大笑。这个场景中的特朗普可笑但更可亲。希拉里在任何时候面对镜头时都很得体，以套装为主的着装表现出女性的权威不输于男性，言语干净利落、逻辑严密，动作适度，无不透露出一个资深政治家的外在与内涵，特别在三场辩论会上，希拉里的沉稳、大气、睿智衬得比她年长的特朗普就像个沉不住气的乡巴佬。

最后十天里，陆续有由希拉里的高级助手的前夫引发的邮件门事件、特朗普妻子当年的 VISA 能否用于工作等节点事件，高潮迭起、险象环生，效果超过了任何一部扣人心弦的美剧，微信朋友圈里有人写道："看美国总统大选，就像看现实版《纸牌屋》。"

以支持民主党为主的传统媒体团队却分享了大选结果的苦涩。11 月 8 日晚，我和全世界很多关注这场旷世大选的"吃瓜群众"一样不出结果誓不睡。各州票选结果公布还不到五分之一，有人已经预言："按这个样子，特朗普就算输，也不会输得很难看。"最终却是希拉里输了，而且输得很难看。

大选结果出来后，传统媒体几乎集体失语，除了 FOX 等少数媒体表现出来的态度和大选结果相差不远，其他媒体的预计和结果可谓南辕北辙。很多文章反思，传统媒体自我感觉太好，但社交媒体在大选中起到了决定性作用。特朗普和希拉里的 Twitter 均起了重大作用，但特朗普的 Twitter 作用更大。

传统权威媒体几乎都旗帜鲜明地表明自己支持希拉里的取向，结果却事与愿违，这个现象不但让媒体难以接受，即使我这个外国人接受起来也有相当的难度：怎么这样呢，明明希拉里各方面表现都很好啊？她的形象、经历和媒体运作能力都远超过特朗普，稳重大方、经验丰富，还邀请了碧昂斯、NBA 球星等众多人士为其呐喊站队。站在媒体角度，这一场战役，与其说是权威媒体之间的，不如说是新媒体和传统媒体之间的。传统媒体的振臂高呼使得整个社会洋溢着民主党、希拉里必胜的气氛，先前捧得多高，后面跌得就有多惨。新媒体以老少咸宜的低门槛默默运作，当"沉默的大多数"聚集在一起时，强大的反攻能力势如破竹。有人说，特朗普和希拉里之间的战争实质是新媒体和传统媒体之间的战争，新媒体的低门槛、亲民性让特朗普迎来了人生新篇章，也迎来了美国总统的新时代。新旧媒体也使得美国被史无前例地"分裂"得很厉害。

民间言论

新媒体由一个一个的单原子式的不可见的个人组成，代表了民意。这个民意与传统媒体对照，很多人将这一现象称为"分裂的美国"。这是传统媒体代表的社会精英、上流阶层和新媒体代表的普通人之间的分歧，这个普通人是比通常意义上的中产阶级收入和生活水平更低的工人阶级，这两个人群互不理解。

我所在的亚拉巴马州是传统的"红州",是资深支持共和党的州,同时也是经济收入全美排名倒数的州。接近投票日,我在校园及附近做了小规模的随机访谈,包括老师、学生、校内一般工作人员和附近居民共 14 人,还包括前文提到的 3 位教授,访谈的问题包括:"总统大选你将投票给谁?""为什么?""关于总统候选人的消息主要来源是哪里?"除了 1 名黑人大男孩酷酷地说"我对政治没有兴趣,不会投票",以及 1 名黑人女子认真地拍着胸脯说"这是我自己的主意,不会告诉你",其他人都回答了我的问题。

3 名教授中只有 1 名坚决支持希拉里,1 名说要到投票的时候才决定,最终他也没有告诉我这一票投给谁了,另外 1 名投给了第三方的候选人。2 名教授的信息来源主要是 NBC、CNN,1 名的信息来源是 FOX 等观点不同的媒体。大学教授在什么地方都算得上社会精英人士,何况在经济文化相对落后的南方。

另外 11 名访谈对象中有 2 名明确表示支持希拉里。有一家子支持特朗普,理由就是该州历来都支持共和党,无论候选人是谁。2 名校警和 1 名前来跑步的白人男子选择特朗普,他们的理由差不多:政治经验丰富的人更容易当面一套背后一套,我们不需要,我们就是要生意人把管理美国当成做生意一样,让大家都富裕起来。1 名第一次拥有投票权的女孩比较有意思,家人叮嘱她投特朗普,但她自己想投票给第三方,于是她电话里敷衍家人,答应投给特朗普,其实按照自己的意愿投给了希拉里和特朗普之外的候选人。11 人都认为自己的信息来源主要是社交媒体的朋友圈和现实中的朋友家人的口传,9 人基本不怎么看传统媒体,2 人态度鲜明地说传统媒体 NBC、CNN 之类都被希拉里收买,FOX 以前还可以,现在也不怎么样了,他们甚至好心提醒我:"一定不要看那些电视台,那会蒙住你的眼睛。"我在美国听见中国学者夸奖美国的物价稳定,美元的购买力强,但是另一方面,美国普通民众认为生活多年来没有改变,收入、消费几年甚至十几年来都没有什么变化,家里状况自然也是一成不变,他们希望改变,于是选一个与常规不同的总统是他们首先要做的事。

虽然是一系列小小的访谈,但结合后来看到的各种报道,我关于美国媒体的很多看法还是被改变了。在国内的时候,老听见国人诟病国内媒体如何随波逐流、没有主见,国外媒体特别是美国媒体如何公开公正公平。在大学课堂上教师也屡屡列举美国媒体是"第四种权力"的代表。这里的媒体主要是指传统媒体,比如 CNN 网站 2008 年对西藏"3·14"事件的报道使其一下子为国人所知,成为中国人又爱又恨的美国媒体的代表。然而 2016 年美国总统大选各家传统媒体的表现和民众对其信任度,都令我极其惊讶。老牌传统媒体从一开始就旗帜鲜明地表现出"倒红挺蓝"的姿态,压根谈不上公允。大概不止这一回,大选期间媒体越俎代庖已成规律,导致其在受众中的公信力达到最低点,很多选民直接拒看,而新兴的社交媒体成为选民获取信息最好的选择。

社交媒体推送的真正就是朋友、家人的意见么?就是成千上万个普通选民意见的综合反馈么?虚假信息、病毒式传播、和真人操作无甚差别的网络机器人共同制造了 2016 年美国总统大选中的新媒体影响力。两党制下的总统选举,虽不至于"成王败寇",但也是"一日定输赢",11 月 8 日的投票结果,尽管事后有许多种揣测,仍然是不得不接受的结局,无论对于落败方的希拉里,还是其后跟随的千万个支持者。

大选之后

作为一个出生于 20 世纪 70 年代末的中国人，看到大选结果出来后那些对着镜头哭泣的人们，那些在初冬的冷雨中走上曼哈顿街头表达对新选总统抗议的人们，那些在校园里或许将青春的情绪和对总统选举的结果不满的情绪混合在一起的人们，我觉得新鲜又感动。20 世纪 60 年代全球性的青年运动已经远去，在全球性追求物质、享乐的世俗氛围中，左派文化总体来说已经式微。记忆里，中国驻南斯拉夫大使馆被美国导弹袭击那一年，在大学上本科的我和同学们一起走上街头抗议美国暴行，那是在学校老师的组织带领之下的群体活动，有序，且大部分同学是冷静的。

对于一个在乡镇长大的女孩来说，外面的大城市曾经是那样得遥远，日后有机会生活在城市里，却又被眼前的学业、工作、挣钱、买房、带娃等琐事缠身，很少有真诚的为一个其实有点遥远的梦想而哭泣的冲动。这样一个置身大洋彼岸近距离观看、感受美国人选总统的机会，也让我体验到多重意义的美国。

美国总统大选，中国人自然没有选举权，无论在美国土地上还是在国内。因为在美国的熟人有限，从社交媒体上自然感受不到美国人的民意，我的信息主要来源就是主流媒体，而且以 MSNBC、CNN 为主。11 月 8 日晚上 9：30 之前，我都是笃定了希拉里会胜出，结果让人惊讶得合不拢嘴。身在南方资深"红州"，又在大学里，我以为第二天至少有小范围的活动，抗议或者庆祝的，结果却静悄悄的，一切都和 11 月 7 日一样，只有当期的校报将特朗普当选放在头版头条，并增加了其他内容（见图 18）。不知是人们早就认定了这个结果，还是"山高皇帝远"，人们对政治比较淡漠。我认为，即使选举结果是希拉里获胜，这里也仍然是平静的，不会有北方城市的躁动。

相比总统候选人在电视辩论和其他场合的表演，选民的态度更真诚。电视新闻连续数天表现曼哈顿街头规模庞大但并不喧哗的游行队伍，人们走上街头抗议特朗普当选新总统。友人在作为资深"蓝州"的加利福尼亚州，她的微信里呈现了关于新总统梦想破灭的加州人的苦闷和不乏极端的举动。特别是大学校园里，从学生到老师，从感性的文科生到理性的工科生，种种行为让我感受到激进政治、社会运动就在身边。与其说这是分裂的美国不如说这是多样化的美国，之前我在国内知晓的美国都是一鳞半爪，现在仍然是，但看到的面积更大。大城市和小城镇，受到良好教育和一般教育，从事白领或者更高层次工作和蓝领工作的人……他们的生活状态是完全不一样的。我所在地方的居民偏向于后者，无论谁当总统，生活还要继续，超市收银员若旷工老板会扣钱，不管你为哪个候选人伤心。

大选日之后的两周，我刚好有机会去纽约，在这段时间出镜率很高的 Trump Tower（特朗普塔）下面走走，先前对于这里可能还有抗议者的担忧完全多余，这栋高大的建筑在高楼林立的曼哈顿没有任何特点，匆匆前行的纽约人不会为其驻足半分钟。两党制下，无论结果怎样出乎意料，只需借以短暂的时日，民心便自动平静下来，无论民主党还是共和党上台，只是左右略有摇摆，不会走得太远。特朗普在真正入驻白宫以后也谨慎多了，第一次接见媒体 60 分钟，对于什么该说，什么不该说，什么打马虎眼，十分清楚，全不见"大嘴"风范，由此推断之前竞选期间不管不顾的形象应该就是为了彰显与老练希拉里不同的差异化竞选策略。

图 18　投票过后特洛伊大学校报头版头条

作为一个有多年职业生涯的成熟政客，希拉里的性别身份打动了很多人，包括我在内。很多人都期盼当今世界唯一超级大国能出现第一位女总统，就如八年前把第一位黑人总统推上舞台一样。希拉里竞选失败了，但仍以宽广、顾全大局的胸怀祝贺特朗普，在特朗普上台前后没有使绊子。希拉里的竞选失败演讲不知感动了全球多少观众。无论真实的她怎样，是否如某些媒体所爆料的那样贪污腐败，她的失败演讲悲痛但克制、智慧、有风度，有十足的政治家风范，对民主党特别是全球女性而言，都很好地体现出正能量。希拉里的退出，亦是华丽丽的。退下预备总统光环的希拉里更加亲民，媒体上登载了前一日还在万人集会倾情演讲的希拉里当日在寓所附近遛狗，遇到她的铁杆粉丝，一个背着奶娃的年轻妇女，并欣然应邀与之合影。希拉里没有穿象征权威

127

的套装，头发也不是纹丝不乱，笑眯眯地逗弄着小娃娃，十足的慈祥奶奶样。年轻的妈妈粉丝双眼含泪，希拉里则很平静，也很享受，表现出能屈能伸的气度，这也体现了美国文化的魅力吧。如果愿意，特朗普的女儿伊万卡在不久的将来可以拥有比希拉里更好的政治前程，她的美貌与智慧并存，在大多数时候力战群舌，将如脱缰野马一般的父亲的言论引向正常的轨道。奥巴马夫人米歇尔在为希拉里站台助选的过程中的几次关键性演讲更是数次让我饱含热泪。或许，女性到达权力巅峰的时间指日可待！

第五章

景观社会的娱乐与治理

解读美国
现实、媒介与省思

　　张一兵评价德波写作《景观社会》的理论意图是："他希望以此宣告一个新的历史时代，即宣告马克思所面对的资本主义物化时代而今已经过渡到他所指认的视觉表象化篡位为社会本体基础的颠倒世界，或者说过渡为一个社会景观的王国。"① 让·波德里亚在《消费社会》中指出，当下社会"富裕的人们不再像过去那样受到人的包围，而是受到物的包围"②，"物既非动物也非植物，但是它给人一种大量繁衍与热带丛林的感觉"③。

　　美国的广大乡间给人地广人稀的感觉，如果说"景观"主要限于自然景观，基本远离物的丛林、内爆等状态。美国大城市则完全符合德波和波德里亚所描绘的世界的特点。有能力生成很多商品并善于向世人展示的，全世界没有哪个国家能超过美国。《一个购物狂的自白》《穿普拉达的女王》《拜金女郎》等好莱坞电影直接展示了美国社会的繁华商业，更多的影视剧在故事的讲述中植入广告，如"007"系列电影中的汽车植入广告。对中国游客来说，感受美国物的景观的一个重要途径是购物，大量美国货物的带入更直接地将美国物的繁盛呈现在国内的亲人朋友面前。图 19 的时代广场街景展示着美国消费文化的繁荣景象。

　　相比于对属于日常用品的衣物的关注，那些在中国国内被禁止而在美国被允许持有的物品或开展的活动在一个中国人的眼中

①　张一兵：《代译序：德波和他的〈景观社会〉》，转引自〔法〕居伊·德波《景观社会》，王昭风译，南京大学出版社，2006，第 9 页。

②　〔法〕让·波德里亚：《消费社会》，刘成富、全志钢译，南京大学出版社，2001，第 1 页。

③　〔法〕让·波德里亚：《消费社会》，刘成富、全志钢译，南京大学出版社，2001，第 2 页。

有更复杂的意味，枪与赌博属于此列。

图 19　时代广场街景之一

一　枪支：权利与暴力

2016 年最后一天，《北美留学生日报》推送了一篇文章《2016 的留学圈，这些同学永远离开了我们》。点出姓名的十名永远留在美国的中国留学生中，其中三名死于枪下，包括这一年开始被国内媒体报道在开车途中莫名死于美国女子枪口之下的女生江玥，其经历影响到和我一道来特洛伊大学的 J 老师，她的丈夫在她离国前不停地唠叨："人人有枪啊，太危险了，晚上不要出去，人多的地方不要去，一定不要买车……"到过美国的朋友 L 女士老早就嘱咐我："如果开车，碰到警察来检查，一定把手举起来，不然他以为你找枪，就可以对你开枪，因为美国每个人都可以有枪。"好莱坞大片中的唯美、浪漫、黑暗等各种色彩与枪战一起给我留下深刻的印象，《教父》《出租车司机》《纽约黑帮》，太多的电影让我对身处这个拥枪如同买衣服一样的自由之国的安全免不了担忧。

枪与政治

伟大领袖毛泽东有一句中国人基本都知道的名言："枪杆子里面出政权。"在共和国的缔造者看来，武力是新政权的保障，从这句近乎大白话的名言在民间的流传度和引用率看，国人深以为然。美国的建立并非在推翻一个旧有国家的基础上完成，而是在北美蛮荒大地上，他们需要和野兽、大自然赐予的各种灾难搏斗，枪成为必不可少的装备。他们需要和土著印第安人争夺资源，虽然这种策略并不贯穿始终，但多为大棒加怀柔，用"一手枪杆子，一手《圣经》"来形容更符合实际情况。今天的美国军队，无论在什么地方，仍然有相当数量拥有军衔的宗教人士相随。信仰自由使宗教人员来源广泛，信仰基督教、天主教、犹太教、伊斯兰教等的军人都能在行伍中找到自己忏悔、倾诉的对象直至被临终关怀。这是美国军队自身保持稳定的重要方式。20 世纪以来，美国称霸世界和其以枪支为代表的先进武器的生产密不可分。对于是否控枪的问题，之前我看过美国著名纪录片人迈克尔·摩尔创作的《科伦拜恩的保龄》，从中学枪击案开始，一直推到历史上美国白人对于黑人、印第安人等族裔人群的恐惧的久远年代，持枪传统源于祖先们在这片土地上立足的非正当性，同时，是否允许公民合法持有枪支也事关政治、经济。

近年来美国的总统选举几乎都会围绕一个内容展开辩论：是否控枪？2016 年总统大选，希拉里和特朗普之间关于控枪问题也争论不断。从结果看，主张控枪的民主党候选人希拉里败给了赞成持枪的共和党候选人特朗普，特朗普被认为是收入偏低的老派保守白人所拥戴的，可见这个数量庞大的群体对枪支的执着。对普通公民来说，枪意味着什么？我没有就此进行过专门的调查与采访。美国宪法第二修正案清楚地写着："人民持有及携带武器之权利不可受侵犯。"该法案从1791年至今已经存在200余年，目的在于让公民捍卫自己的权利和对抗暴政。美国南北统一后本土至今没有发生过战争，政府在国内的作为总体良好。当初白人与印第安人可能在茫茫西部的武力相见，以及后来存在很长时间的白人和黑人的矛盾及其他各种尖锐的种族矛盾基本已不存在，但宪法关于公民持有武器的权利没有任何改变。普通人拥有枪支正是人权的一部分，对于宪法规定的权利，想通过实践层面进行一定的改变，在一个法治国家几乎没有可能。

前文提及北卡罗来纳州夏洛特市黑人基恩被警察枪杀（可能是误杀）引发该市黑人长达近一个星期的游行示威，在游行期间，我和旁听课程"多媒体法律"的授课老师苏珊芬博士讨论过该事件。我们两有个共同的问题："警察为什么要将嫌疑人一枪毙命？不可以选择射腿或其他部位吗？"后来看过一些资料，基本同意这种说法：大部分警察也是普通人，在和嫌疑人对峙时都处于紧张状态，很难射中一个活动体的细小目标，何况美国是一个持枪自由的国家，很多公民都会使用枪，可能射击技术还超过了警察。我有些好奇的是，作为一个生长在美国的高知人士，难道苏珊芬老师不知道这些？抑或是像她这样的普通公民压根不会关心警察怎么使用枪？新闻报道2015年近千名美国平民死于美国警察枪下，还有若干人死于各种罪犯的枪下，然而支持普通公民拥有持枪权利的美国公民还是占据大多数，更有比例不低的人认为：越是有犯罪越要有枪，自己保护自己的效率超过任何警方或其他社会组织。

一些人士分析，美国控枪难与军火商关系密切，他们为了经济利益不受损，明里暗里起到的阻碍控枪作用很大。在我看来，美国公民对枪的喜好更多还是个人原因，如特洛伊镇的 S 先生家，将枪装饰在墙上（见图 20）。这个从荒原上建立的国家的国民骨子里的自由精神，对于任何组织、机构抱有一定的怀疑态度，即便在现代社会，自己解决麻烦也是首选。麻烦的是，持枪者的道德操守不一，造成了这个国家枪支与《圣经》、枪杀与唱诗交织混杂的具有魔幻感觉的场景。

枪支对于后来加入这个国家的成员来说，有更复杂的意义。前文提及的 2016 年度华裔女性陈凤珠持枪杀死黑人劫匪、华人美国历史上首次持枪大游行，这些行为都被美国主流媒体给予好评。在一个号称自由的国度有生活的自由，也有随时被人欺负的可能，枪支是少数族裔一定程度上最便捷的护身符。

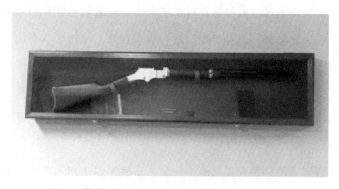

图 20　特洛伊镇 S 先生家作为客厅墙上装饰的枪

小镇的枪

特洛伊大学在中国国内的多个招生宣传上，都有一句话，说它连续 7 年被某杂志评为"东南部最有价值和最安全的大学"。

特洛伊大学所在的特洛伊镇常住人口 2 万左右，一派安静祥和，然而在特洛伊镇几个月的时间里，还是听闻两起和枪有关的事。

两件事都发生在 2016 年 10 月中旬。先是在一年一度的对小镇来说是极其盛大的节日"校友返校日"的当夜，学生们私底下的狂欢持续到第二天凌晨，就在这时，特洛伊大学校园里响起了枪声，只有一声枪响。对于近年国际生特别是中国留学生剧增的特洛伊大学来说，这一声枪响漂洋过海牵动了很多人的心。我起床后从曾经在特洛伊大学孔子学院教授汉语的 Y 女士的关怀微信中才知道这件事："怎么样啊？有没有伤人？昨晚特洛伊大学有人开枪。"凑巧当天下午我去参观了特洛伊大学校报编辑部，全部工作共有一个指导老师，绝大部分编辑工作都由学生完成，他们正把已经排好的头版头条撤下，换为枪响事件。指导老师，一个和蔼然而骨子里透着冷漠的老头告诉他们："要把这件事情讲清楚，同时不要引起大家的恐慌。"编辑部的学生们对半夜枪响也很兴奋，不过他们普遍觉得是某个学生或者借住在校园宿舍的校外人员开玩笑，也有学生说是一群人打赌，谁输了就要向空中开枪。看来他们对此类情况都见怪不怪了，大部分学生家都有枪，自己也会使用枪。他们的父母基本都知道了这件事，反应不过是从美国各处的家乡打来电话或通过社交媒体确认自己孩子的安全。

接下来的一期校报报道了一个家在佛罗里达州名叫肯尼迪的商学院大二学生真的死于枪杀。肯尼迪被射杀是返校日前一天的事情，可能因为警方还需要一定的调查和确认时间，或者校方不愿意把这个悲伤的消息在返校日期间放出来影响气氛。肯尼迪租住在校园外的特洛伊镇上，早上起来被路人莫名地射杀。警方一直也没有调查出其他原因，比如是否肯尼迪与开枪者有宿怨，看上去就是肯尼迪莫名其妙地匆匆被迫告别人世。校报刊登了肯尼迪戴着牛仔帽英气逼人的照片并以悲伤的笔触悼念这位二十年华的校友。肯尼迪之死引发了学生们的讨论，校园网络媒体发表了好几篇关于是否要管控枪支的学生文章。其中一篇标题翻译过来为"杀人的执照？"（License to Kill？），作者有感于同年 6 月份发生于奥兰多的 50 人被枪杀的重大案件和发生在眼皮底下的肯尼迪之死，他不反对私人拥有枪支，认为这是美国早期的奠基人给公民争取的权利，是基于人们认为公民能很好地使用枪支，现在情况不同了，人们应该对枪支加强管理，拥有枪支并非允许使用枪支杀人。

在特洛伊大学校园网络媒体上搜索与枪支相关的新闻，2014 年发生过学生在校园被人持枪抢劫案件，幸好该学生机智勇敢，歹徒最终没有得逞迅速逃走。在那一次事件后，校园网上也刊登了几篇讨论是否应该允许公民持有枪支的文章。近些年美国全国性甚至全球性讨论持枪问题都发生在恶性枪击案件发生之后。特洛伊大学民众对于枪支的反应和全美国具有相似性，在重大事件发生后，人们积极讨论，然而只限于一时。当事件远去，人们又把是否应该拥枪这件事放在了一边。

特洛伊大学有两个主要校区，各自出版发行着自己的校园报纸并相互交流，每周星期二出一期，校报免费发放的同时，常常夹带广告单，其中一期夹带着全部由枪支组成的广告。微型手枪、手枪、长枪、猎枪……一般私人可能购买的型号几乎都有，价格从 500 美元左右到几千美元不等，使我等来自禁枪国家的外国人大开眼界。按照美国法律，作为外国人，我不能买枪，但我想这些提供送货上门的广告是不是一定会严格地要求我拿出持枪证等能合法拥有枪支的证件呢？或许可以尝试一下，要不是考虑在美国待的时间不长，买了又不能带上飞机，真想买一二试试。同时我又困惑了：按照特洛伊大学不成文的校规，学生不允许带枪来校园，那么这些广告的枪是打算卖给谁呢？因为年轻人聚居，任何大学及周边地区都有不小的安全隐患。号称东南部"最安全的"特洛伊大学在人人可以合法携有枪支的语境下，安全相当有限，由此可以推测美国其他地区的大学的情况。

如果说到仪式中对枪的使用，那就更常见了。我观看了距离特洛伊大学半小时车程左右的一个地方的名为 Rodeo 的牛仔表演，枪、悍马、牛仔男女，虽然全部表演圈在一个常规操场大小的场地进行，但也精彩迭出。枪声的啸叫和牛仔们拿着枪在马背上的帅气表演也在一定程度上将观众带到西部片的场景中。特洛伊镇的其他节庆日、校园的印第安文化节中，枪和枪声都是必不可少的元素。

藏枪者

典型的西部片中，枪和牛仔总是在一起，牛仔是好莱坞银幕上最具有男人魅力的群体。很多美国人有藏枪的爱好。中国国内的新闻报道，更加关注那些藏枪数量惊人的美国人，有人有几十、几百甚至上千把的枪支，到目前我看到的报道中最多的藏枪者拥有五千多支枪。一个家庭的储藏室就是一个小型甚至中型武器库。有的家庭爱晒枪支照片，一家老少甚至包括宠物都佩戴枪支出现在照片上，他们应该认为是很骄傲的事情。

初到美国，别人是否有枪是很让我感兴趣的问题，自然不是怕对方拔枪相向，而是想知道什么样的人才有枪。史蒂夫教授是我通过朋友的朋友认识的商学院教授，年近七十，花白头发，一米六出头的身高。他邀请我们去他在特洛伊大学附近自建的楼房参观，因为之前的了解，对他的花园洋房、草坪并不感到震惊，但他把楼房的第一层的大部分空间用来摆放工具着实让我震惊了一下，两百平方米以上的空间，有序地放着做木工用的各种工具，包括多型号的电钻、刨床、钳子、锤子等。一问他是否藏枪，史蒂夫欣然带我们来到他的保险柜前，打开密码锁，拿出6把来复枪和8把口径不一的手枪。我问他能否借枪一用，他连连摇头："因为你们是女士，只是好奇想看看我才带你们来看看。"史蒂夫的生活可以用流行的中文句式来形容：不想当枪手的木匠不是一个好教授。

　　访学楼经常修修补补，一来二去大家就认识了一些工人，水管工理查德就是其中之一。刚来时就听已经在此居住几个月的J老师说去年理查德请所有的访问学者去他家作客，就在他家院子里打猎。我开始以为J老师说话太夸张了：一个修水管工人，能有多少枪，多大的院子！到了理查德家，发现史蒂夫的院子只有理查德院子的一半还不到，院子里还保留着小片原始状态的森林。理查德痴迷于枪，各种型号的长、短枪约莫三十来把，他说自己收入的大部分都用于买枪了。以前在英语听力材料里听过美国的蓝领工人有的比白领收入高，实地看到理查德的家园，我才真正相信了。这个平日里卷着袖子修理散发着不好闻味道的下水道的工人原来是个隐形土豪。理查德家养着兔子、鸡、鸭等小型动物，每当他大宴宾客时，便是这些小动物们寿辰的终点。理查德招待大家烤牛排，给每个人发子弹，挑选喜欢的枪，他帮忙装上子弹，教导瞄准，瞄准的对象既有给初学者静止的靶子，也有给有经验者活动的目标——这些奔跑的小动物们。我在特洛伊镇期间碰到的访问学者均为女性，大家都没有本事也不太有兴趣尝试高级的打法，但"荷枪实弹"的待客之道，着实让我们兴奋了一把，对我来说，这是自大学军训之后第一次实弹射击。

特洛伊大学的亚裔教师 J 先生也有枪，他的家比较远，没能亲自观摩，但他给我们展示了随时放在车上的枪，他说有绿卡的人才能把枪放在车上。这让我想起年初开车途中死于美国女子枪下的中国女留学生，即使这个女孩有还击的意识与胆量，但她没有枪，美国法律的公平、公正并不保证在这片土地上的所有人的安全。

从世界范围看，包括美国在内允许合法持枪的国家大都是发达富裕国家。有人说这体现了孔子提出的无恒业无恒心的民本主义思想。这些发达国家都是保护私有财产不受侵犯的，恒业有了，如何使其不受侵犯是让主人操心的问题，国家机器在保护私有财产方面的效力并不被看好，于是人们自备武器。同时，这些国家的国民还担心国家机器过度扩张，侵犯到私人领地，私人拥有武器对于遏制国家机器也有一定的威慑力。

中国人对于枪支的好奇心通过网络上一些中国人在美国旅游去靶场活动的视频表露出来。我曾见过一段视频，视频中的主角是一个秃顶的中年男性，拿着手枪作四处瞄和发射状，发视频者评价其是抗日神剧看多了，其实不止抗日神剧有这种夸张而极不专业的用枪动作，好莱坞电影中难以想象的大开脑洞的"神枪手"也不少。对于禁枪国家的公民而言，各种媒体里意味着自由和权力的枪支让人着迷，作为犯罪凶器的枪支往往被人们忽略了。从实际情况看，所有允许持枪的国家中，美国是发生枪支走火、伤人、犯罪最多的国家，之所以有这一说法，既因为美国作为超级大国本身就是世界瞩目的中心，也因为其作为移民国家具有多元文化的复杂性，无论哪种情况，作为在美国的外国人，我覚得需要更加小心，首先自己要珍惜生命。

二　娱乐与秩序

看过好莱坞电影的外国人对美国人的娱乐精神和娱乐业的高效管理都有深刻的印象。娱乐是个范围很宽泛的概念，大到作为一个国家的经济支柱，小至家庭及个人的闲暇时间安排。来美国之前，想象中多数美国人的业余时间这样安排：经常看大片，然后到酒吧喝一杯。到了特洛伊大学所在的特洛伊镇，发现事实完全不是这样。有朋友为我选择去相对偏僻的南部感到遗憾，回头看来我认为是幸运的，正因为这里不是纽约、洛杉矶那样的国际大都市，才能感受和体验更纯粹的普通美国人的生活。

小镇的娱乐

刚住进特洛伊大学访学楼，试着出去转转，走出半里多地，没有遇到一个人，只有汽车呼啸而过，没有看到一个小卖部之类，没有任何公共交通，不由自主让人想起"鸡犬之声相闻，老死不相往来"。私人领域的全面保护似乎让美国成为小国寡民的一种翻版。没有车，在这个国家广袤的土地上，感觉更加孤独；有车，孤独或许应该换成"车流中的孤独"。

S博士开着他十四年高龄的老皮卡载着我感受了特洛伊镇的公共生活，首先到达五分钟车程的镇中心。所谓镇中心，有一小圈铺子，分别销售服装、家居饰品、古玩旧货、冰淇淋，总数不过十家，工作日营业时间多数朝九晚五，星期天大都关门歇业。顾客多半星期六比较有空，所以中心最热闹就数星期六，但人数也非常有限，甚至不及中国国内的某些村寨中心地带热闹。S博士对初来乍到的外国人通常是这样招待的：去冰淇淋店吃点冰淇淋（他说这是本州最好的冰淇淋连锁店），晚上带着去一次酒吧。镇中心只有一家规模很小的酒吧，我去过几次，客人们都小声说话，没有碰到过歌手之类，即使坐满了顾客，也显得较安静。无论工作日还是节假日，九点左右就打烊了，也不用店主催促，客人们纷纷离去。

特洛伊镇的时光慢慢悠悠，以沃尔玛为中心形成全镇商业中心，站在沃尔玛门口，看着从各种车辆上下来的本地人，胖子占据了其中很大比例，恐怕这也是悠闲时光加高热量食物造成的后果。特洛伊镇有一家电影院，距离市政中心和商业中心都比较远，绝非抬腿就能到，问过好些学生、老师及本地市民，多数人对电影兴趣不大，上一次看电影是很久以前的事情了。

一年中大部分时间小镇生活都是波澜不惊的，传统节日或者作为小镇中心的特洛伊大学举办重大活动的时候就成为全镇人民的狂欢节。十月中旬特洛伊大学一年一度的校友返校日活动让小镇沸腾了（图 21 为校友返校日活动现场）。上午十点，由大学的学生、镇上居民以及临县居民组织装扮的各种花车大游行开始了，平日静悄悄的小镇在游行路途两边挤满了人。这个返校日不只针对大学，大概所有从这个地方走出去的人们，都会收到邀请，欢迎他们回到故乡。队伍中有几个耄耋老人开着他们自己改装的神气老爷车，他们是老校友的代表，是全部游行人员中最不羁与狂热的。他们抽着老式烟斗，随意地向观众挥手。游行队伍的另一风景便是各种选美小姐，从村花到州级小姐，各种级别的选美活动是美国社会非常重要的公共活动。选美活动的目的并非只为把外表最美的姑娘选出来，它的意义恐怕更多在于给村民、镇民、市民、国民一次狂欢的理由。游行花车上的选美冠军们从三四岁到五十岁左右，各个年龄的女性都有。选美的初衷看上去也是为了激励女性们内外兼修，选美出来的冠军们很多并非我们想象的那样貌比天仙，甚至外表可能一般，但这样的女子往往有惊人的履历或让人佩服的内在品质。2016 年度校友返校日选出的"皇后"的照片出现在当周的校报上，是一个在我看来很普通的黑人女孩，我将自己的意见说给旁听班级的女孩，她们很不认同我的观点，例举了这个女孩参加了多少志愿者活动、有多少才艺、学习成绩多么好等等。这样就不难理解为何近年来新闻报道的某华裔女孩在美国获得某个级别的选美冠军，消息传到国内，看到其照片，大家一片哗然了。原因除了中美对于外表美的标准差距很大，还有就是美国人一般把选美理解成一个普通的公众活动，找个大家聚会的理由而已。

图 21　2016 年特洛伊镇的校友返校日（Home Coming Day）游行

特洛伊大学的体育赛事是让特洛伊镇人民热血沸腾的重大事件，尤其是号称美国三大职业体育赛事之一的美式橄榄球比赛。

特洛伊大学在美国是一个在我们看来与常青藤名校的差距不是一般远的普通大学，但对自己的体育赛事十分高调，这也是美国学校的普遍做法。在所有运动项目包括篮球、足球、网球、高尔夫、冰球等赛事中获得的较好成绩，特洛伊大学都用海报、照片、标语积极彰显在走廊、礼堂、体育馆等地方。我观赏了一场特洛伊大学与不远的佐治亚州立大学的校级足球比赛（见图22），特洛伊大学主场，主场红色，这一天是小镇全部人的节日，电视台的转播车也来到现场，观众中有相当比例的人是中年以上的男女观众，他们经常表现得比年轻人更激动。当特洛伊大学代表队略处于劣势时，我身后坐着的六十岁左右的大爷不停地站起来，一边吼一边摊手对裁判表示不满，认为裁判偏袒了客队。坐在我前面的一个丰满妹子，一旦红衣队得分，就兴奋地站起来，双手挥舞，大声吹口哨，全然不顾周围的人的眼光。当然，周围的人

图22　特洛伊大学主场的特洛伊大学与佐治亚州立大学的足球比赛

也习惯了这样的举动，只是默默地离她远一点，以防被她的腿或手碰到。只要有足球赛，平时安静的校园里的每个角落都塞满了汽车。比赛一般从下午两点左右持续到近六点。若多数人支持的球队赢了，在茫茫夜色里，可以看到成群结队的汽车伴着震天的车内音响离开校园，时不时还冒出一群人在皮卡车的车厢里且歌且舞。

我在另外一个规模不算大的海边小镇见识过人们观看电视播放的美式足球赛时的热闹，所有的食客都盯着电视，"哎——""好——"无须约定，大家一致表达丢分的遗憾或得分的激动。

很多人说过对于美式足球的看法：野蛮、暴力。运动员在赛场上被严重伤害的情况时有发生，但美国人热衷于此项运动，且从娃娃抓起，在很多幼儿园都能看到类似这种运动项目的培养。看着场上一群群的人叠罗汉一样地在一起，我想或许正是这种看上去野蛮的运动方式纾解了人们骨子里的暴力。美式足球也就是美式橄榄球脱胎于英式橄榄球，但经过了美国化的改造，起初赛场上重伤甚至死亡事件都不难见到，现在造成参与者脑震荡事件频发，但仍然广受欢迎，体现了美国人对该项运动"荣誉与危险并存，机遇与挑战同在"的认同，① 这也是美国精神的重要体现。

前文提到的美国人特别是南方乡镇的美国人对宗教很虔诚，宗教事业的相关开销数额惊人。在我看来，教堂里清静闲适的氛围，人与人之间无关乎利益的交流应该是吸引人们常往的重要原因之一。除此而外，保持宗教活动具有一定的趣味性也是必要的。每周查经、听牧师讲经，对任何人来说都不是十分有趣的事

---

① 潘前、王然科：《美式橄榄球发展分析》，《体育文化导刊》2013 年第 7 期。

情。因为好奇美国本土的大学生在一起怎么玩，我参加了一次除了我之外没有外国学生的学生活动，活动由一个学生宗教组织举办。活动地点选在距 T 大学不远，在方圆几百里很有名的一个隶属于墨西哥湾的海边度假小镇。两天时间里正儿八经学习《圣经》的时间只有三小时左右。每次课堂开始，都会搞点团队活动，类似于丢手绢、机智问答等活动。在类似丢手绢这种需要参与者行动迅捷的活动中，这些大孩子们都表现出让我感动的一面。前文提及的靠盲棍行走在校园叫约书亚的接近失明的男生也来了，他的参与热情很高，每当需要他前去抓住下一个目标物时，大家很默契地让他稍微跑一下，然后就有一个学生主动靠近他，让他比较容易抓住目标物，最常让约书亚抓住的恰是几个体型高大帅气、看上去"高冷"的男生。约书亚愉快地参加了所有活动，得到了锻炼又不觉得太累。和学生们一同前行的牧师夫妇很年轻，这应该是组织者有意安排的。课程以牧师讲解为主，还安排了一点牧师夫人专门讲给女同学听的时间。牧师的大胡子有点耶稣基督的感觉，牧师夫人则完全是一个时髦清瘦像美国的女子天团成员的女孩。我对《圣经》不熟悉，英语听起来也是半懂不懂，但对牧师夫人对着《圣经》某页发挥的几句感叹听得很清楚："如果你的丈夫没有本事，又笨得根本搞不懂你真正需要什么，为什么不换一个呢？"女生们听了乐不可支。我想这既体现了牧师夫人的豁达，又像原来偶尔接触过的佛教俗讲，越是抽象、超越的东西，越要和生活密切相关。

赌博、城市与秩序

我原先对于赌博的印象，全是负面的，很小的时候，看过电影下乡放映的国产电影《赌命汉》，有强烈的宣教风格，后来看过港产的部分赌博题材电影，《赌神》《赌圣》《赌侠》《赌尊》《赌煞》《赌霸》……老牌香港明星几乎都演过赌片。香港、澳门地区及东南亚国家的赌场风景都通过银幕流露一二。通过这些影片，赌博给人的感觉就是"撑死胆大的、饿死胆小的"；赌场就是你骗我、我骗你，但最后都栽在幕后更大的黑手手上的地方；赌博高手在赌场上或者表现出超强的个人生理能力，如超强听力、视力，或者就是通过内外合作，出老千，采取不光彩的手段窃取对手的信息。我和很多人一样得出一个自以为是的结论：正常人、普通人是不会去赌场那种坏地方的。

没有到过澳门、边境或其他任何地方真实的赌场，当在拉斯维加斯我们入住酒店的第一层看到五彩斑斓的赌博器械时，我还是被震住了。赌场服务人员着深色套装，看上去文质彬彬。客人们基本没有高声喧哗。即便是晚上，赌桌上的人远多于白天，但依然没有什么大的动静，参赌的人们都似乎对规则很了然，一切有条不紊地进行。位于沙漠的拉斯维加斯是美国人创造的奇迹。以赌博盘活一个城市，并使这个城市世界驰名，在很多人、很多国家是不可想象的事情（图 23 为拉斯维加斯街景）。

随着中国人收入的提升，在美国的任何景点都能碰到数量惊人的中国游客。在拉斯维加斯著名的威尼斯酒店，人造天幕下，大批的中国游客使得这个地方宛如国内黄金周的景点，大厅里有乐队演出，并接受观众的现场点歌。有中国游客点了《义勇军进行曲》，一时间雄壮的中华人民共和国国歌响起，头两遍还有人鼓掌叫好，自然那也是中国游客，一连演奏了数遍，直至最后没有人喝彩了。乐队演奏此曲的熟练说明这种情况不止发生过一次两次。乐队成员没有亚裔面孔，现场非中国游客也并不抗议。国歌的不断响起在此有明显的象征意义，富起来的中国人在异国土地上毫不吝惜地炫耀财富，一定程度上是中国人对多年来面对西方白人产生的自卑感的反抗。不过这抗议也是自说自话，乐队成员奏完乐曲就不亦乐乎地收捡地上的数张小费，全然没有感受到别种意味。拉斯维加斯非常具有全球化特点，唯一遵循的规则可能只有：顾客是上帝，谁故意扰乱市场规则谁就是坏人。小说表现的那些人们过分沉迷于拉斯维加斯赌场、"生命不息赌博不止"的场景我无缘见到。我跟随旅行团到达拉斯维加斯的时间回避了中国和美国的任何节庆时间，拉市给人的印象仍然是人满为患。摩天酒店、异彩纷呈的演出极易让每一个抵达此地的游客都产生步入某种魔幻场景的感觉。如果这个场景加上鲜血，无论多么美，都会让人望而却步，因而拉斯维加斯的城市安全基本得到众人的认可。自由与秩序的平衡在这个城市得到了极好的体现。一些故事发生在拉斯维加斯的好莱坞电影表现出的这个沙漠之城虽有疯狂等人生的极致体验，但总体是有序和安全的，如《赌侠大战拉斯维加斯》《宿醉》。

图 23　拉斯维加斯街景

赌博最早合法化的内华达州还有除拉斯维加斯之外的其他以赌闻名的地方。到了美国才知道，美国的多数州都给予了印第安人开设赌场的特权，这是以白人为主的主流社会对于当初被他们的祖先驱赶、屠杀、掠夺的印第安人的后代的补偿。我在美国的主要暂居地——亚拉巴马州也允许印第安人在居住地设立赌场。开设赌场获利快、就业易，但也可能让印第安人在其他方面投入少，从而导致印第安人的其他素质低下。关于这些问题的深层讨论美国本土学者已有多人研究。没有到过印第安人开设的赌场区域，我所关心的问题是：这么多的赌场，但很少听说发生在赌场的犯罪活动，这除了与国民性格有一定的关系，赌场管理功不可没，但这样的管理是怎么做到的？

距离特洛伊大学最近的大城市亚特兰大非裔人口比例高，治安一向被认为不怎么样。我乘坐了一次被认为是穷游者或美国穷人才坐的灰狗（长途汽车）。南方城市不像东西海岸的城市，总是有很多背包客，想来穿梭于美国大小地域的灰狗经常成为他们的首选。之前有一个朋友描述她从亚特兰大机场坐灰狗回学校的经历："太恐怖了，太恐怖了，全车人都像坏人！"我在心理鄙视她："人家不就是黑人吗？来美国这么长时间了，还以为长得黑就是坏人！"灰狗站自然不能和机场相比，总体还算有秩序，但仍感觉不尽如人意。乘客和管理人员基本都为非裔，车站也显得老旧，乘客们吃着各种零食，还有汉堡之类，空气中散发着各种气味。当我和朋友上车后，环视一周，有点相信之前那个朋友的话了，偌大的车厢，乘客只有十来个，非裔为主，年纪大的有几个，年轻的感觉都不那么面善。有一个白人看上去有面瘫之嫌或者患有吸毒后遗症。司机一一查票，竟然有一个乘客未检票先上车了，在司机三请四催之下才下车。他被司机勒令买票，这是我在美国第一次看到有人试图逃票（另一次在纽约地铁站，一个非裔乘客不买票直接跳过刷卡的闸门）。司机查完票，进入用钢化玻璃全封闭的驾驶室，拉上窗帘，全程与乘客隔开。如果车厢里发生点什么，司机完全不知道或者可以装作不知道。行进途中，我不停地想起在网上看到的网友乘坐灰狗时各种不愉快的经历，从要点小费到抢钱包，甚至匕首相逼，于是我及友人在五个小时车程中，硬是挺着不敢睡觉，等到达目的地，啥也没有发生。想来网友所写不全是假的，我的这次有惊无险的亲身经历是该怪罪人们习惯性地对黑皮肤的人看不上，还是该庆幸可能一生中唯一一次车友以非裔为主的旅途中没有坏人？总之，见识了一回美国穷人的生活场景也是很不错的收获。

主题公园、感恩节游行

到特洛伊镇不久，我参观了一场叫 Cattlemen Rodeo 也就是牧人比赛的活动（图 24 为比赛现场照片）。举办地是距离特洛伊镇一小时车程的另一个镇。斗牛是整个活动的高潮，接近十分钟，其他为各种表演。马术表演是重头戏，牛仔女孩格外惹人注目，长发披肩、容貌秀丽、身材火爆的年轻女子骑马飞奔过场地，观众中发出阵阵喝彩。当本场年龄最小的年仅六岁的牛仔女孩压轴出场时，带我们前来的 S 老师对一同前来的女儿说道："人家六岁这么厉害，你六岁在干啥？"S 说这话时佯装生气，女儿已经上大学，明白这是老爸跟她开玩笑，耸耸肩表示无奈。观众场上座无虚席，人们对于表演给予了足够的反馈。最后活动方赶出若干胖乎乎的绵羊，让现场的孩子们体会骑羊。活动完毕，人们拖家带口、呼朋引伴地离开了，车轮碾着夜色消失在广阔的原野上。

我认为，美国人重视隐私和私人时空，这样的习惯导致私人性质的聚会有限，人们转而对各种层次的公共性质的活动、聚会很是热衷。此类场合上不难看到人们手舞足蹈、情绪高涨，和私人场合的温文、稳重形成对比，这大概是美国人的私人、公共两副面孔。

图 24　镇上牛仔比赛（Cattlemen Rodeo）现场的牛仔和孩子们

　　如果没有到过好莱坞星光大道，就算没有到过洛杉矶。加上自以为是电影研究者，我自然是要去好莱坞逛逛的，于是走了一遍星光大道，进了环球影视城。没有遇到任何一个原本知道的影星是遗憾的事情，但感受了一遍影视主题的公园及管理也是极大的收获。图 25 是我拍到的中国著名导演冯小刚在星光大道的手印及脚印。

　　我进入主题公园那天是工作日，在门外就感受到游客的摩肩接踵。作为好莱坞的周边产品，主题公园的门票折合成人民币相当贵，价格就算在美国国内的景点中也不菲。进门几步，就不停地和穿哈利·波特黑色斗篷的游客相遇，起初以为是影迷穿进来的，直到走近哈利·波特主题园，主题商店里卖着电影里出现过的各种物件，最惹眼的就是斗篷了，各种年纪、肤色、体型的游

151

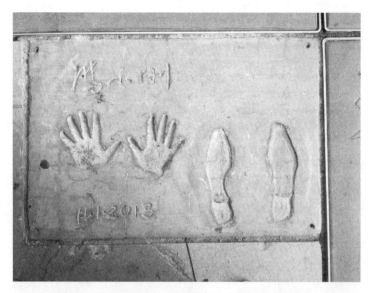

图 25　好莱坞星光大道上冯小刚导演的手印及脚印

客不停地从店里穿着披风走出来。《变形金刚》《侏罗纪公园》《木乃伊》等所有续集由环球公司生产的电影都有各自的主题园，人们兴致勃勃地跟角色人偶或电动模型合影。让我印象深刻的是一日三次坐过山车的体验：第一次在变形金刚园，提示里说该互动活动可能产生身体不适，但可以看3D变形金刚效果，我以为是边走边参观，就坐上小车，十来秒就上路了，沿途有很壮观的3D变形金刚，但其实还是过山车。我之前没有坐过过山车，好在身体不错，时间不长，下来长长舒了一口气；第二次到了侏罗纪公园，互动活动场所旁的类似的文字提示没有人来解释，我想恐龙可以做成各种模型，应该不是过山车了吧，然后又上了小车，随着逐渐加速，我明白又上当了，但是已经没有办法下车了；第三次在木乃伊主题公园，入口看上去就很恐怖，我想这个应该只是一般的参观，用模型吓人，又坐上去，结果是又恐怖又倒立的效果——还是过山车。有了这三次经历，后面的绿巨人、哈利波特、小黄人等互动都不去了。虽然历经艰险，我还是很快平静下来，但也看见游客下来呕吐的。

回国后和家人一起参观了国内人气很高的长隆集团旗下的广州野生动物园和珠海海洋王国，也参观了名气较小一些的主题公园，比如重庆的方特公园，中间都有一定的互动项目。它们与我在美国参加的游乐项目相比，在服务上有一定的不同。网友称赞长隆的服务周到，哪怕是成人坐旋转木马都会有人来帮忙检查是否系上安全带，更不要说过山车这样的危险项目，服务人员一定会多次问游客身体是否能承受，反复查看安全措施是否整理妥当。我在美国参与过的所有类似项目，均只有简单的文字提醒，没有任何服务人员主动来提醒。我曾在美国中南部很有名的景点——大雾山国家公园坐缆车。因为没有玻璃外罩，仅仅靠乘坐者手扶前面的栏杆来保证安全，我有些紧张，待落到地上，看到上空十岁以下的孩子没有大人陪同一个个滑下来。其中一个椅子上坐着两个小孩，大孩子五岁左右，小孩子可能才三岁，他们盘腿坐在椅子上，也没有扶面前的栏杆，我的心提到嗓子眼儿，两个孩子却笑眯眯地走下来，奔向迎接他们的父母。想起平日我们为孩子的安全各种担惊受怕，是不是对孩子保护过头了？

我到过西峡谷国家公园，深深的峡谷边没有任何栏杆之类防范措施，是不是美国其他地方的自然景观也这样？尽管可能对游客不安全，但为了不破坏景观的原样，不添加任何安全措施也是可以理解的。

随着中国人收入的提升和休闲生活的需要，国内不断建设新的景点，但由景区曝出的安全事故也时有发生。根据我的经验，实际上国内的很多景区已经尽量把安全隐患降到最低了。但事故仍旧频繁发生，这是不是因为游客需要进一步强化规则意识？这

153

里的规则指基于常识的规则和景区或公园特别提示的规则。大家遵循规则游玩，无论大人小孩就可以避免事故。我们经常用"玩"来作为各种规则的施动词，体现了对于规则的态度：不是尊重，而是试图让别人或公共的规则来服从自己的意志。这种态度可能让我们成为不守规则的受害者。

2016年11月份的感恩节，我们专程到纽约，亲身感受了一年一度美国人十分重视的纽约感恩节大游行。11月23日下午，纽约的警察就开始整顿街道，把若干游行队伍会途经的区域用栏杆隔出来。若干平时畅通无阻的路一下子拥堵不堪，还有一群群正常行走的人被迫调头，不过人们都挺乐意，多数人看上去都挺乐呵，毕竟感恩节是一年的大节日。游行当天，我们到达时已经偏晚，围观路线挤满了人，好容易挤进人堆里，看到前面的人拿着椅子、被子，她是凌晨四点就来了；右边的一家人前两天开车从其他州来到纽约，然后天没有亮就来了，十五六岁样子、个子很高的儿子已经累得站不住，展开外衣坐在地上。为了凑这个热闹，美国人也是拼了。游行开始一段时间，人群不断地往中间凑，实际上先来的和后到的区分不大，不过先来的也没有太多的怨气，至少在我能闻见的范围没有争执。如果事先不知道这是感恩节游行，大概会以为是影视主题的游行，因为绝大部分由大气球组成的道具造型来自经典影视剧，如托马斯小火车、超人、蜘蛛侠等各个时代的著名影视剧特别是卡通影视剧中的角色，其实游行中还有麦当劳这样典型的美国制造和象征纽约市的大苹果，近几年还出现了中国元素（见图26）。每当一个大气球人从转角处出现时，人群便欢呼不已，让我感觉到这个国家人民的童心、率性。纽约感恩节大游行的英文是"Thanksgiving Day Parade in New York"，没有包含嘉年华、狂欢的英文单词，感恩节临近圣诞、新年，辛劳一年的人们终于迎来了长假日。游行过程充满了丰收的喜悦、辛劳工作后的放松，是一场确凿的狂欢盛会。

图 26　2016 年纽约感恩节游行上的中国元素

无论东方还是西方社会，没有秩序的自由和没有自由的秩序都是不可想象的。在城市化进程日益加剧的中国，如何进一步实现自由与秩序的和谐统一，我们需要更深层次的考虑和更好的实践。

第六章
有关美国硬实力的观察

解读美国
现实、媒介与省思

提出"软实力"理论的约瑟夫·奈认为，美国对全球的影响不能仅仅依靠经济、军事实力和威慑能力。硬实力作为一种含蓄威胁是必需的，而且应该在必要的时候运用。硬实力指支配性实力，包括基本资源（如土地面积、人口、自然资源）、军事实力、经济力量和科技力量等。①

好莱坞电影提供了大量有美国自然风光的画面，最有代表性的莫过于西部片中浩瀚苍茫的西部景观。

好莱坞电影是全球普通观众感受、了解美国军事实力的重要窗口。美国军方与好莱坞的合作可追溯到 1915 年的《一个国家的诞生》，该片获得西点军校的技术支持，甚至得到了内战时期真正的大炮以供拍摄。第一届奥斯卡最佳影片获得者《翼》（1927 年）得到陆军航空队的协拍。被称为征兵广告宣传片的《壮志凌云》（1986 年）不仅有汤姆·克鲁斯的帅酷形象，更有美国海军的大力支持。两部《变形金刚》得到国防部大力支持。好莱坞军事题材中有全球影响的商业电影主要分为两类：一类是简单将世界化为善恶两级的，作为"我们"的美军是正义和道德的化身、世界秩序的维系者；一类将反思视角和主流价值结合，如《拯救大兵瑞恩》《父辈的旗帜》等。这些电影都非常正面地塑造了美军形象，并表现了美国强大的军事力量。②

一 自然风光：美丽之国

谁是第一个把 America 翻译成"美国"的人？查询未果。日

---

① 阮宗泽：《软实力与硬实力》，http：//www. people. com. cn/GB/guandian/8213/8309/28296/2335163. html。

② 詹庆生：《好莱坞影视与美军软实力传播》，《解放军艺术学院学报》2011 年第 1 期。

本人将其译成"米国"。无论"美"还是"米",在我看来都包含人们对这个大洋彼岸国家的向往和美好想象。我去美国之前,曾经和一个跟团队去美国考察的年近花甲的老大哥说起访美之事。他在我的印象中,一向沉稳,然而说起他的半个月美国之旅,他就不淡定了:"原来我看见美国代表团来北京参加奥运会竟然戴口罩,我很生气,想着怎么这么看不上中国,不是歧视吗?到了美国发现人家不是故意的,可能真的不适应北京的空气,美国的空气真是太好了!"即便有这样的铺垫,我对于美国的自然风光仍然没有太多的兴趣与期待:美又怎样?还不是大自然赋予的,或者只能说明先辈们有远见,占山(地、海)为王。我更感兴趣的是它的人文、科技、社会等一系列让全球其他国家的公民羡慕的东西。

特洛伊大学在美国4000所左右的大学中籍籍无名。校园里却有成片两人合围的大树,有春天倒映鲜花、夏天倒映葱茏、秋冬倒映黄叶的池塘。访学楼建在池塘边。池塘里有鸭子、鱼游泳,乌龟在岸边慢悠悠地爬行,有时又漂在水面来个日光浴。我后来到过斯坦福大学、哥伦比亚大学,斯坦福校园之大与美世界闻名,比起来,哥伦比亚大学就不大了。特洛伊大学校园虽然不大,但也算很漂亮了。我在纽约专门去近些年名气很响的纽约电影学院一探究竟,没想到其规模就和中国国内培训机构差不多,在曼哈顿下城租了一栋写字楼的几层,也引得全世界多国的电影爱好者前来。同在美国访问的朋友来特洛伊大学串门,表示特洛伊大学校园算非常不错了,好歹能拍出相当漂亮的照片,他所在的佐治亚州立大学比特洛伊大学名气大多了,但根本称不上校园,就几栋楼房。虽然美国地大,但校园所占地有限,估计这和很多学校为私立机构有关,不会有国内大学作为事业单位用地的价格倾斜。这样看来，出现在中国留学中介机构网站上的诸如"美国大学校园面积之大超乎想象"这样的标题及文章列举的几所大学难免以偏概全，多半是为了拉生意打广告。① 据特洛伊大学的老师介绍，多数中小学没有室外运动场，只有幼儿园才有，这更是出乎我的意料。这样的情况下，美国成为很多外国人留学的首选靠的是教育软实力。

我开始以为校园的景致一定比外面的美。后来搭车去就近的州府城市，一路上全是大片草地、树林。草地多半用栅栏围起来，朋友告诉我那都是地有所属，围起来就是属于某一个人，偶尔有牛、马在草地上悠闲地甩着尾巴吃草。这个州是农业州，历来以种棉花出名，但我到过的所有地方都没有看到一分一厘按中国人的常识可以称为庄稼地的地方。我坐飞机从南部到西海岸，坐汽车从南部到东海岸，所有到过的地方都没有看到粮食种植。我实在是好奇：传统农业州都看不到粮食种植，美国人的粮仓在哪里？通过一些查询和聊天大概知道一点，美国地广人稀，且优质土地很多，三分之一不到的土地种植就能满足全国人民消费还能出口，土地保持原始状态是为了保持地力，政府会让农民将土地荒芜着，并给予补贴。这种情况在我们这样来自石坷垃里也能折腾出粮食的国家的外国人看来，又是羡慕又是惋惜。土地是美国重要的战略储备，政府宁肯荒地也不愿意将土地的潜能短期发掘殆尽——以多出粮食低价卖给甚至送给那些吃不饱的国家。事实上美国官方增加或减少粮食产量都是为了主导全球粮食价格，保持美国的利益。这样的认知加深了我对美国的爱恨交加，爱那

① 如《美国大学校园面积之大超乎想象》，http：//www. eistudy. com/meiguo/20121212/119582. html。

个自然风光优美的土地，不喜其背后的政治伎俩。

一方面，政府在政策上鼓励农民短期或长期休耕一部分土地，短期休耕是为了控制产量，解决农产品生产过剩的问题；长期休耕主要是为了保护水土资源。①

中国是一个半内陆国家，大部分人对于海洋是陌生的。美国地跨大西洋、太平洋，有丰富的海洋资源，旅居美国，感受其海洋文化不容错过，令我心潮澎湃的海洋短旅在洛杉矶。我上了赏鲸船———一种小小的双层船，随着船渐行渐远，密集的建筑群成为背景，前方海面越来越宽，让人感觉到大海的波澜壮阔。这是阳光明媚的一天，小船开始向远方航行，风浪越来越大，到后来船的起伏有几米高，人群不时发出因突然失重带来的惊呼。邂逅鲸鱼的时机不是每次出海都有，那天最终没有看到海洋世界最大的哺乳动物，但碰到了一群又一群的海豚、随波逐浪姿势销魂的海狮。我之前只到过厦门海滩，没有到达过深海，此次小船的旅行虽然走得仍然不远，但和海洋生物如此亲密接触让我满心欣喜，看见"无风三尺浪"的蓝莹莹的海面，心中的恐惧也是有的，也愈加佩服那些独自扬帆远航的勇士。图27为游客们期待着与海洋生物邂逅。

另一次动人之旅发生在佛罗里达州的巴拿马城市海滩。这是一片隶属于墨西哥湾、大西洋海域，基本处于原始状态的海滩，没有开辟海滨浴场，水很深，黑洞洞的像是能把人吸进去。我随着一帮美国学生来到这里，他们是为进行团队的宗教活动，我则是想趁这个机会一睹美景（图28为学生们在海滩上准备宗教活

---

① 田耀、孙倩倩：《美国土地政策演变及对资源保护的启示》，《国土资源科技管理》2014年第2期。

图 27　游客在洛杉矶海域内的赏鲸船上等候大型海洋生物的现身

动）。一大早，所有人来到沙滩，围成一个大圆圈，要举行圣餐仪式，带队的 B 老师将象征着肉身的小硬面包片和象征血的红色饮料分给每个信徒。我不是信徒，没有接这些东西。气氛很肃穆，仪式很安静，只听到海浪拍打着沙滩。仪式即将完成时，天空突然出现一道彩虹。天空很高远，彩虹是一座大大的七彩桥，倒映在几乎是墨黑的海平面上，形成一个圆环，沙滩上的人也围成一道圆，每个人都穿着头一天晚上发的淡绿色 T 恤，如果从远处看，我们就好像是站在七彩的圆环中间鲜绿的小圆圈，极其美丽。仪式又增强了这一刻的神圣感。人群中也包括那位拿着盲棍行走在校园的音乐工业专业的男学生约书亚，他的位置恰在我的对面。我看见彩虹映照在他年轻的脸庞上，他长期没有办法睁开处于微闭状态的眼睛仿佛就快要睁开。让人想起了《圣经》中基督所行的神迹——使瞎子开眼、死者复活，很多电影电视剧将基督显灵化成可观感的场面，让我也期待一种幻觉成真：彩虹抚摸约书亚的脸，有个声音在告诉他："张开眼睛，你行的！"然后他

163

就走出了二十余载的灰霾视界。B 老师先前看过天气预报还是巧合？据我所知，没有天气预报能告诉你彩虹出现的方位、大小和准确时间。我还到过据说比夏威夷沙滩还要美的 Destin 沙滩。跟随旅行大巴在加州一号公路驶过，对那一片的海边景致也算有个大致了解。我在美国期间也耳闻相邻的佛罗里达飓风，实在佩服那些生活在大西洋、太平洋——世界上面积分别为第一和第二的海岸边上的人，他们该有多么丰富的经验来对待飓风啊！

图 28　晨起在佛罗里达州巴拿马城市海滩准备集体活动的美国大学生

　　美丽的景色还要有各种动物才真正有灵气，很多中国人对于加拿大、澳大利亚等人少地广的发达国家深表羡慕，就是因为能在欣赏风景时与动物亲密接触。特洛伊大学有很多只松鼠，访学楼前面的大树上更多，每天晨跑、傍晚散步的时候，都有松鼠迎来送往。有一天早上，我打开房门，看见一只美丽的小鹿站在门口的大路边，这只梅花鹿呈棕黄色，但身上没有明显的梅花。它大概是迷路了，不知道怎么找到同伴或者家，在路边辗转多次，最后可能想明白了，路上开往校园的车辆又多起来了，小鹿左等右等终于得空钻过去，很快就消失在小树林里。我去距离特洛伊大学半小时车程的另外一个镇上的路上，碰到了一只鹿死在地上，应该是被过路的车撞死的。朋友说，估计是鹿突然冲出来，司机来不及刹车，就造成这样的结局，估计车辆和司机没有事。在美国的乡村公路开车，要注意山林里突然钻出来的动物，如果在高速行驶时遇上了，对于动物和驾车人，都不安全。很多到过国外的中国人回国都笑谈，看到路上奔跑的各种野物时心里和嘴里都痒痒：这么好的美味怎么不动手啊！中餐食材来源广泛，许多中国人对食物百无禁忌，眼中的动物分为两种：能吃的、不能吃的。特洛伊大学湖边，我在深夜碰见几个中国学生在钓鱼，白天是不让钓的，同楼的访问学者也说之前有人钓起来红烧、糖醋、清蒸。我听了很是无语，还好白天大家有所顾忌，而愿意加夜班钓鱼者毕竟不多。

一位访问学者为提高英语，更好了解美国文化，就去听美国人讲《圣经》，回来说：清教徒认为，上帝把最好的一片土地留给他们了，美国人对于国土上丰富的自然资源心存感激。地广人稀的美国，有各种各样的地貌、千姿百态的景观，从世界文明的大峡谷、黄石公园，到一条无名的小溪、小径，都体现了大自然对这个国家的慷慨，而美国人对这些资源的态度，也表现了他们对于自然馈赠的珍惜。这样才是真的天人合一，但这也是经济与文明发展到一定阶段的社会才可能有的实力与自觉。美国也有过以向大自然过度索取为代价的高耗能工业高歌猛进的年代，滚滚浓烟排向天幕，黑黑废水流向江河，一个普通的美国人有足够自觉的环保意识是多年以后的事情。最近几年，中国国内无论官方还是民间，环保意识也大为增强并有相应的行动。在差距不大的国土面积上，一个超过十三亿人口的国家和一个不足三亿人口的国家相比，环保管理难度有天壤之别。而决定中国漫长环保征程最后效果的，是相关组织艰难的管理过程和每一个中国人对自己、对子孙后代有多少责任心与爱心。

二　在民间感受美国军事

作为当今世界唯一超级大国，美国的军事实力世人皆知。我以一个普通文科学者的身份前往美国，本以为自己与军事有十分遥远的距离，结果发现即使一个专业距离遥远的外国人，如果有心，也能捕捉到和美国军事相关的信息。

刚到特洛伊大学，就发现在校园各种位置上形式各异的征兵广告，有标语、纸质广告，有的写在公共通道上，有的在教学楼的公共张贴栏上，有的和校报一起放在免费发放点。特洛伊镇中心最大的电子广告牌，也时不时播放征兵宣传。这些见闻合起来给我这样一个印象：老美征兵年年讲、月月讲、天天讲。校园里时常遇到着军装者，教室、图书馆、食堂都能见到他们的身影，笔者刚开始不清楚这些人是军人来学习，还是在校生毕业了准备去军队——类似于中国大学的国防生。问了一下后得知大致两者都有，但类似国防生的学生更多，毕业后他们要去部队服役。校园网上辟有"军事学生"专版，传达各种政策，利于这些学生更好地学习和生活。

每年11月11日是美国的退伍军人节，这一天上午11点阿灵顿国家公墓准时奏响哀乐，市民自发前来献上花圈，退伍老兵再次穿上军装，在露天剧场列队游行；曼哈顿最繁华的第五大道举行退伍军人日游行。"曾是一名大兵"是一个普通美国人终身的财富与荣耀。媒体报道，美国退伍军人曾经是"穿着破军装的流浪者"，现在享受着世界一流的福利待遇。奥巴马 2009 年在演说中说："我们对所有服役军人都有所亏欠。"军人在部队、退役后本人或子女都享受相当程度的补贴。我参观了位于洛杉矶长滩市的爱荷华战列舰以及位于圣地亚哥的中途岛号航空母舰，舰上均有当年服役于此的老兵，他们和舰本身已成为历史的一部分。游客可以和他们合影，问他们问题，只是老人们对曾经的经历都很骄傲，一不小心就口若悬河，游客会陷入不尊重地离开还是坐立不安地等待的两难选择，所以有经验者就尽量不和他们开始对话。

　　1973 年，美国终结了 33 年的征兵制，转为志愿兵役制。① 众多的新闻媒体报道美国公民不愿意参军，兵源不足是美国军队一个头疼的问题。② 有个熟悉的美国女孩告诉我，她的叔叔、爸爸都在海军服役过，叔叔现在身体不大好，在她看来，当兵是非常大的牺牲。我问她如果薪水很高是否愿意去部队，她坚决摇头。和 61 岁的教授导师 S 先生聊起这个话题，他不认为美国公民都不愿意参军，他提到自己几个朋友的孩子都在军队。S 先生的话未必全经得起细查，从和他相处下来的经验来看，他是比较在乎建构我对美国的正面印象的。美国军队和美国社会一样是一个种族大熔炉，各种宗教组织的存在体现了军队对军人不同信仰的尊重。官方自然要宣传不同种族的人为了共同的目标走到一起，保卫美利坚合众国。美国总统竞选期间，特朗普到美军海外军事基

① 〔美〕贝丝·贝利：《劳动力、市场与美国的志愿兵役制》，田雷、王丽琼、王希译，《美国研究》2017 年第 3 期。

② 参见于时语《征兵危机缠绕美国》，《南风窗》2005 年第 10 期；于时语《美国绿卡和俄罗斯轮盘赌》，《南风窗》2006 年第 17 期。

地看望士兵，希拉里团队则采取"树典型"的方式，在投票前的十余天里，多次提及男性穆斯林 Khizr Khan 的美国穆斯林儿子在伊拉克战争中牺牲了，从而表现对不同种族的人为这个国家奉献生命和热血的赞美，尽管有人认为此策略为竞选赢得负分，但仍然可以表明军队种族平等政策的重要性。

关于外国人被允许参加美国军队的相关规定，我没有找到权威的佐证材料，军队相关政策也时时变换。我认识的中国留学生中，有一个学生某天很沮丧地谈起半年前分手的女友："我让她不要着急，慢慢来，绿卡、公民身份会解决的，她等不及，非要参军！"我才知道身边就有外国学生参加美国军队。参军对于那些志在无论如何也不回国的人来说，未尝不是一条获得美国人身份的捷径，在特洛伊大学就读的来自较小国家的留学生更愿意作此选择，但媒体挖出的美国军队时不时暴出的种族歧视丑闻让人担心军队生活是否真的那么好。遥想未来，如果有一天，美国和你的祖籍国发生战争，你真的可以不用考虑那是你出生的、很多亲人朋友仍然生活于斯的地方吗？中国人在美国参军的具体人数我没有查到，但少数人已经将自己这份独特的经历形诸文字并在受众中得到较大的反响，如亲历者罗雪所著的《我在美国航母当大兵》、亲历者刘志宏口述的《穿越火线：我在美国当大兵》。① 后一本被很多人当成一本励志著作，或者当作进入美国提前了解美国而读的书目。

在众多的媒体报道中，美国军队不干涉国内事务。在我看来，仪式性的事务还是常常有军人的身影。特洛伊大学每年举办

---

① 罗雪：《我在美国航母当大兵》，现代出版社，2013；飞行电熨斗：《穿越火线：我在美国当大兵》，北京时代华文书局，2015。

一次印第安文化节。2016 年度的印第安文化节持续了两天，主要内容为印第安文化艺术展演、印第安小商品交易。第一天的开幕式上，有鸣枪宣布表演开始的仪式，六名男性对天鸣枪，从所穿服装看不出他们的身份，等他们下来，得知均为军人，其中最年轻的一个为现役，他已经协助参加类似印第安文化节好几次，他的妻子有印第安血统，正在人群中跳舞，虽然看上去和周围的印第安人长得很不一样。年轻的军官鸣枪完毕，又去跳了一下传统舞蹈，参与整个流程游刃有余。我想他应该是把任务、爱好、照顾家人很好地结合在一起了。在舞台的旁边，竖着一幅标语："支持美国军队"，应该所有印第安人居住地或活动区域均有这样的标语表明他们的立场，毕竟多年前，印第安人的军队和美国以白人为主的官方军队打得你死我活。特洛伊镇每年一度隆重的校友返校日，五彩缤纷的游行队伍中，自然也少不了军队的影子，只是军乐队在各种声响和夺人眼球的表演中，并不突出。

在纽约的感恩节大游行中，美国最驰名世界的军事培养机构西点军校的军乐队也现身了。他们在队伍中不是最帅气的，也非技艺最高超的，没有任何出彩之处，很平淡地就过去了，如果不是对西点军校特别好奇的话，很容易就忽视了。西点军校军乐队出现在游行队伍中，不知道是因为其地处纽约的便利，还是因其作为美国最负盛名的军事院校而被特邀出席。感恩节大游行是由企业梅西百货发起的，直到今天梅西百货仍然是游行的主角，西点军校的参与在我看来，体现了游行有一定的官方背景，更表现了美国军方对民间活动的支持。美国军方对美国民间活动的参与例子很多，北美防空联合司令部用圣诞老人追踪系统为全球小朋友们提供圣诞老人定位的传统就是其中有代表性和全球效应的活动。

美军在世界各地的新闻报道使美军给外国人的印象多是强大甚于冷漠。我参加了前往圣地亚哥的华人旅行团。旅行大巴上，来自沈阳的导游介绍驻守在圣地亚哥军港的太平洋第三舰队时，言语间尽是溢美之词，车内的华人深以为然，如同多数时候我们对美国的态度：不喜欢，但很多方面不得不服气。我以为圣地亚哥的军用设施和民用、观光旅游设施会以铁丝网或其他设备分开。没想到现役军舰就和商船、旅游水上工具相邻停放，如果不是有海军现役军人巡逻，游人根本感觉不到身处一个停靠着很多现役军舰的港口（图29为圣地亚哥军港一景）。我想起国内军事机构，一般在较远地方就标明"军事重地　严禁入内"或者"严禁靠近"。近两年媒体报道普通中国人，在距离较远的地方拍摄某些军方设施可能就构成了泄露国家秘密罪，这种高度警惕行为到底是因为我们自己不够自信还是为防微杜渐？

图 29　圣地亚哥军港一景

我在特洛伊大学偶遇一个在几十公里之外的空军军事基地学习的巴基斯坦裔军人，他闲来无事来特洛伊大学逛逛。特洛伊大学经常遇到现役军人，他们之中除了一些是已经参军或准备参军的本校校友及校友的战友，其他主要是到大学来偶遇学生妹的小伙子。在距离特洛伊大学几十公里的蒙哥马利大型超市停车场，我遇到过一对看上去像夫妇的军人，小两口大包小包地往后备厢装各种生活用品，和一般的夫妻无异。

美国军事到底怎样？如果你希望得到一个直观明确的答案，我无法给出。我以为，美国军队和全世界任何国家的武装力量一样，作为国家机器一部分，都有对外、对内之分。在中国民间，大家对于美国军队的印象通常是全世界最先进、牢固，有时又是最不近人情、仗势欺人的国家机器组成部分；而在美国民间，它通过个体的军人，通过各种缝隙，<u>丝丝缕缕</u>渗透进百姓生活，是组成这个国家千百种成分中的一种。

美国人对自己国家、对自己的美国身份总体上是十分自豪的，当然也可能因为在我这样一个外国人面前，他们故意如此表现。同时，正如在中国国内看到的很多媒体报道的，大多数美国人缺少中国人对政治的天生的热情。他们认为，与其把时间花在了解美国又将向哪里出兵上，不如多到现场观看几场美式橄榄球比赛。

第七章

多元化存在：在美国的华人

解读美国
现实、媒介与省思

中国人来美国，自然会关注在美国的中国人的生存状态，我到美国之后很快就发现，"中国人"这一词语不能概括这个群体，得以"华人"来指代，先前我对这一群体的印象仅限于各种文艺作品中美国华人形象，如白先勇、严歌苓笔下的人物。在短短几个月内，近或远距离接触的在美国的华人，包括到此一游者、像我一样的短暂旅居者、留学生、有美国公民身份者、长时间居住的非美国公民或其他人。从来源地域看，包括从大陆、台湾、香港来的，面对庞大的在美华人群体，我所遇到的百十号人是数量极其有限的样本，但这一样本已经使人感受到在美国的华人生存状态的多样化。仔细想来，我没有遇到一位真正意义的移民二代，或许那些积极融入美国主流社会的移民二代无暇也不屑参与在他们看来只与父母辈一代息息相关的活动。

到美国不久，我就听说一句话："在美国，白人看不起黑人，黑人看不起亚裔；公民看不起只有绿卡的，有绿卡的看不起没有身份的；来得久的看不起新来的，新来的看不起还没有来的。"第一个分句，基于美国种族歧视给人的印象，能得到多数人的认同。后两个分句的情形，在华人内部也不鲜见。每到一个地方，我多半都会去当地的唐人街看看，见缝插针地到中餐馆撮一顿，从特洛伊镇的华人小圈子到纽约的华埠，在这些乡音乡味弥漫的环境里，会刹那间忘却已身处祖国万里之外的异域。

由于所到地域、场合的有限，我在这些地方所遇之人没有那些已经成功跨入美国主流社会甚至处于上层阶级的华人，诸如新任劳工部长赵小兰、雅虎创始人杨致远之类的华人只是遥远的传说人物，华尔街的华人银行精英也无缘面见。我见到的多半是华人中乐于给祖国来人提供帮助的热心人士，特洛伊镇又是地处南部的一个小镇，远离华人重镇纽约或加利福尼亚州，以下所要讲述的人和事可能只是非典型的在美国生活的华人的孤立样本。

一 华人生存个案

如果把美国看成一个人类学意义上的"场",我的美国之行主要是观察,但如果涉及华人,这一行程则大部分呈现为"参与式观察"状态。关于人类学的各种研究方法,有学者认为:"从微观的层面看,研究者和研究对象之间需要有对自我生命的认知作为前提,那样你才可能去研究'他者'。"[①] 这一美国之行虽然不是纯粹学术研究,出于一个研究者的自觉,我认为自己与在美国华人之间有研究者和研究对象的关系。同时,一个初出国门到美国的中国人在对中国人(扩展到华人)在美国生存状态的观察与思考过程中,脑海中也多次浮现这样的自问:"如果这个事情换成是我遇到了,该怎么办?""全球化时代的华人"在我的想象中成为我与在美国的华人共同的起点,当然这也可能是我的一厢情愿。无论哪种情况,我与在美国的华人有近似的文化背景、文化血脉,这是不可改变的事实。这样的认知使我对周遭的人和事感同身受的同时能保持一定的距离,并得以冷静思考。图 30 为纽约的唐人街一景。

1. "猫"在中餐馆的 H 厨师

说是"猫",其实是"黑",第一次听人说起 H 厨师,我很吃惊,本以为那种为了挣外币偷偷摸摸打工的事情现在已经很少

图30　纽约唐人街

或没有了，毕竟国内也有很多挣钱机会，即使打工收入也不低。H是来自福建的厨师，长期在中餐馆炒菜，因为没有任何身份，不能办银行卡，也不能办理汇兑，每月从老板那里领了工资就将现金放在身边攒着。随着特洛伊大学近年来国际学生特别是中国留学生人数的增多，H终于有了将钱带回家的途径：他提供美元给某位需要的学生或者来自中国的学者及其他不会告发他身份的中国人，拿到美元的中国人让其家人在中国国内将相应数额的人民币汇给H的家人。因为H所要求的汇率常常比实际汇率低一点，前来找他支取美元的人不在少数，一来二去，H的信息在留学生群中广为人知。

我计划在美国停留的时间不长，基本不需要找H支援美元，这使我和H面对面的时间到来得很迟。H所在餐馆是特洛伊镇屈指可数的几家中餐馆之一，我和一位需要支取美元的朋友来到餐馆，外间的桌子前有几个美国人在用餐，走到操作间门口，我们喊道："老板，H 师傅在吗？"一个中年女性走出来，警惕地看着我们："不在。找他做什么？""是这样的，"朋友解释道，"我们是在特洛伊大学的访问学者，想找 H 师傅换点美钞。""现在不换了，H 师傅不在。"老板一口回绝。"我们是听在他那里换过美元的 J 老师介绍的，看看您能否把 H 师傅的电话给我们，我们自己与他联系。"大概是看我们确实不像有其他特别目的的人，老板回头看看我们，对着灶台用方言叫："H 师傅，有人找——"只听里面答应了一声，H 师傅一边擦着手一边走出来，头发半白，用带着浓重南方口音的普通话问我们："换多少？"同伴开始与 H 师傅具体交谈，并问他要了电话。

H 师傅已经在国外非法打工近三十年，起先在其他国家做了十余年，后来来到美国。不知道 H 师傅家里的具体情况，只知道他的妻儿在福建，他吃住都在美国餐馆，除了极少的个人开销，全部收入都通过各种方式给了家人。H 师傅家乡是福建某地，我听说过，那是一个几乎全部当地人都向往国外并愿意采取任何方式到国外的地方。如果说在战乱纷飞、食不果腹的年代，我很理解人们这样的选择。实际情况是，当下他的家乡和国内很多地方的餐馆师傅都不比 H 师傅现在的处境差，包括收入。H 师傅还是这样选择了在异域谋生，继续与家人天各一方数十年。H 师傅所工作的餐馆完全合法，在特洛伊镇已经有些年头，有大批固定的食客，但老板还是以这种非法方式雇用了 H 师傅，这于现实应该是双方互惠互利的事：H 师傅不用冒着被驱逐出境的风险露宿街头并能挣到美元，同时老板所付给他的工资一定远低于有合法身份的美国中餐厨师。

H 师傅和他的老板一家都是福建人。福建移民在美国数量惊人，最初主要活动在纽约这样的北部大城市，后来随着移民数量的增加，谋生越来越难，移民们开始向纽约以外的地方迁移，这被

《纽约时报》称为"第二次移民"①。据调查，美国有四千家以上的中餐馆，所在范围包括一些人口稀少、位置偏远的小镇。中餐馆的数量几乎是麦当劳的三倍。如果把所有中餐馆作为研究对象，H 师傅在中餐馆的生存状态应该并非特例。人生有千百种过法，说实话我不是很懂 H 师傅的世界，也没有资格评价别人的人生选择。

2. 突然生娃的 T 女士

"到美国生孩子"成为近几年中国国内一些高收入、高知家庭或付出一切努力就是为了让孩子生下来就成为美国人的人群的选择。我在 T 大学邂逅了一个专程来美国生娃的 T 女士，并在产房照顾了她一天一夜，从而对中国人在美国生娃有了切近的认识与感受。图 31 是 T 女士生产所在医院。

图 31　T 女士生产的地方

---

① 沈燕清：《福建新移民在美国——20 世纪 90 年代以来福州地区非法移民个案研究》，《世界民族》2004 年第 1 期。

　　按照 T 女士的说法，她并不是刻意要来美国生娃。怀孕之前她就和女儿办妥了来美国的旅游签证，来美国只为兑现给孩子的承诺，办完签证后不久发现自己怀孕了，她有点想来美国生娃，但丈夫坚决不同意。在初期孕检过程中，她遇到几次意外事件，具体什么事件，T 没有说。我猜测可能是预约了专家号，结果路上遭遇严重大堵车导致错过，或者在医院排队等候过程中，遇见特权人士不断插队之类闹心的事情。T 感觉身心疲惫，又萌发了到美国生产的想法，丈夫拗不过她，同意了，但她的家境并非足够宽裕，不能支付专人来护理的费用。T 还要带着女儿来美国上小学。T 及女儿在美国的一切，都需要 T 自己料理。T 的丈夫订了比预产期提前两个星期的机票等着到时候来护理。

　　T 没有选择月子中心（南部小镇也没有这样以前来生产的华人为主要服务对象的机构）或者投靠亲戚朋友家，而是自己搞定对产妇个人能力要求极高的一切生产事宜。这样决定的前提是 T 之前曾经来过特洛伊镇，对这里的一切基本熟悉，特别是以教会为中心结识了相当数量的华人和白人教友。T 什么时候成为基督徒的，我们不是很清楚，看上去不管对基督精神的领会如何，T 显然对结识在特洛伊镇土生土长有一定社会关系的白人更上心。T 在多数场合表现很热情，同时有很强的目的性、计划性，这被同样从中国来的我们看出来，但 T 说教友们对她很好，很照顾她。在初来美国的我这样的菜鸟面前，T 表现出一副无所不能的样子，同时毫不掩饰"什么都是美国好"的态度，谈到美国的任何事情几乎都在话末加一句："这就是美国。"访学楼的几位学者都很反感她这个调调，背后我们称她"那个美国控"。

　　我抵达特洛伊镇时 T 已经怀孕六个月。按照她的说法，除了房子是她自己出钱租的，其他基本都是美国朋友送或借的，包括一部看上去虽很旧但能正常工作的丰田汽车。我很好奇已经有明显孕态的她是如何通过海关的，T说很顺利，恨不得说海关人员还要扶着她。后来有个朋友透露，她过安检时并不顺利，她持旅游签证但有明显的孕态，因而被海关扣留，可能还被关了小黑屋，幸好她之前在教会认识的一个白人接到她的求助电话，前来将她保出去了。不得不说，T在力所能及的范围内将前期工作安排得十分妥当。T在能自由活动期间经常串门，既为锻炼，后来想想，大概也为沟通关系，万一有个急需啥的得有人帮忙。T对周遭人事的体察和利用显然非常有预见性，T的小儿子竟然比预产期提前一个月到来，他那个在遥远中国等候的爸爸完全爱莫能助。很可能出于经济的考虑，T夫妇都没有想到改签机票。T决定在周围临时找人来帮忙，如果真的按照美元付酬，那也不是她想要的。她要有过生产经验、有时间的人来照顾她，我被她列为邀请对象。即便临产，T的思维还是很清晰，对周遭人的判断仍然很准确。当她电话里说"只有你有时间"时，其实我很生气，心里想的是："你有什么理由来安排我的时间？"很想拒绝她的要求，但想想她一个人躺在产房也不容易，就答应了，同时也很直接地告诉她："不要在群里说什么上帝派来帮忙的，我就是觉得你不容易帮一下，与上帝无关。"我不清楚其他族裔基督徒怎么说，很不认同特洛伊镇华人信徒将生活中任何原本是通过个人努力完成的事都说成是上帝完成的。T在群里感谢了第一天在产房照顾她的大姐，但是以上帝之名，而照顾她的大姐并非信徒，让我产生感谢都要绕个弯儿的感觉。

　　我在T女士生产后第二天到达她所在的医院的妇产科病房，这个医院在另一个镇上，因为特洛伊镇的医院没有妇产科。除了两三个医务人员，走廊上基本没有人，走进T的病房，二十多平方米的病房里，只有她和婴儿床上的小人儿。小餐桌上还残留着没有吃完的牛排，T说她和娃的饮食医院全管。我问T估计得付医院多少钱，T骄傲地说："上次我离开时已经办好了低保，这回生产应该基本免费。"趁着孩子酣睡，我和T有一搭没一搭地聊天，T的话题始终不离美国多么好，美国人特别是白人多么棒，例举任何一件她认为能证明美国之好的事情时都要加上一句："美国就是这样的。"我忍不住问："那么好，美国人怎么不来医院照顾你？""嗨，瞧你说的，人家要上班！"T说。"我也有自己的事情好不好！"我在心里说。在说美国好的同时，T不忘数落中国的各种不好。如果不是因为人道主义不好甩手而去，陪产房中的T于我而言是一种十分不好的感受，就我看来，T的观点和行为在向往成为美国公民或者包括那些已经成为美国公民的华人中很有代表性：理所当然美化美国的一切，既占中国同胞的便宜，还保持着一种高姿态，所倚仗的无非是早来美国几天或多认识几个美国人——准确地说，是白人。

夜幕降临，T感觉病房很冷。空调显示病房温度为73华氏度，头一天晚上空调可以调整到78华氏度，我和T试着调了几次仍然保持在73华氏度，只好找来护士，护士态度很好，但几个护士轮番前来处理，空调还是不给力。护士找到另外两间病房，建议如果那里温度能升上去就搬过去，但大概是中央空调出了问题，所有房间都是这个温度。这种情况对美国人来说没有问题，他们的一些资料建议婴儿最适宜的室温是69华氏度，一日三餐提供给产妇的饮料都是加冰可乐，偶尔也看到个把产妇穿着短裤在走廊活动，但这完全不是中国产妇能适应的。T的"美国通"姿态没有派上用场，我们忍了一晚上。T和她的孩子身体真是不错，T这次终于没有说那句"美国就是这样的"。

第二天也就是 T 生产后的第三天，医院建议她出院。T 口中的那些朋友一个也没有来，T 说没有告知他们以免打搅人家工作。临行前，护士一定要把安全座椅拿去完成测试才允许接走婴儿，T 又开始了："这就是美国，对孩子多么负责。"由于我没有美国驾照，T 开车回到特洛伊镇。一个生产才三天的女人自己带着行李和孩子开车回家，这事在国内无法想象也基本不会发生，但 T 做到了。她的丈夫在她出院一个星期后才来到特洛伊镇，但因为他并不很熟悉各个流程，由于视力的原因也没有搞定驾照续用，T 还是靠自己办妥孩子出生后到回中国前的所有事情。T 是个口头绝不服输的人，她一直表示自己这次身体很好，比十年前生第一个孩子身体还好，但我看到了 T 突然增加的白发和常显邋遢的外表。T 展示了一个独自在美国生孩子的华人母亲强大的精神和身体承受力。T 的美国孩子以后会怎样呢？能否如他妈妈计划的那样成长为一个最终能愉快生活在美国的公民？

中国人赴美产子的目的从初始阶段的为了生二胎，已经转变为给娃一个美国身份。随着中国自身魅力的增强，越来越多的留学生选择回国，越来越多的其他国家公民来中国淘金。ABC（American – Born Chinese，指在美国出生的华裔后代）在美国社会的夹缝处境，甚至回到中国国内所遭遇的逆向歧视，许多媒体都有报道。努力"不让孩子输在起跑线上"的家长们通过赴美生子来刻意改变孩子的国籍，是否以后会成为孩子不快乐的开始？

3. 访问学者·饺子达人

在美国期间，一些国内朋友会不时通过社交媒体问我的状况，不少人末了以遗憾的语气加上一句："我的英语不行，估计是没有机会了！"英语水平对于到美国或者其他任何英语国家真的很重要吗？看起来这是一个伪命题：废话，当然重要啦！事实真不一定，我认识的北方某大学的 K 老师英语就不好，可以说是初级里的初级水平，但她很受欢迎。

刚到特洛伊大学，因为没有带做饭的材料开不了锅，K 老师就热情地端来肉包子和小米粥，让我感动之余也很赞赏：包子做得真好！后来知道 K 老师的冰箱里随时都有各种口味的饺子和只需要加热即食的好几种口味的包子，以及时不时做出来的烙饼、手工面等——北方面食她都做得很地道。K 早我半年到特洛伊镇，和她做北方面食的高水平一样让我吃惊的是她英语水平之低。K 的面食水平声名远播，加上她有车，常去教堂等场合，认识的华裔、白人、黑人都挺多，但她的英语水平基本限于回答"Yes""No""Ok""Good"，偶尔有其他复杂些的单词，要一个一个蹦出口来。K 去邮局、银行办事或寄收快递均需要人帮忙，但不妨碍她驾车到佛罗里达的海滩，到亚特兰大的 Mall。汽车导航可以调成中文语音，旅游景点很多有中文导游图，商业中心就算没有中文导购可能也有对中国人爱买产品的中文介绍，至于中餐馆更是随处可见。有文章说，随着中国在世界影响力的增强和出国的中国人越来越多，出了国门发现完全可以不用英语交流，在国内自认为英文很好的人到了国外如不注意，英语水平甚至会下降。这样的案例我没有见过，但 K 老师是我找到的基本不会英语但国外生活仍然游刃有余的典型。

认识 K 老师的人都知道她的高水平面食，几乎都品尝过她的美味饺子。几个留学生甚至建议她在宿舍做，他们负责帮她推广外卖。K 老师的手艺最终没有商业化，但成为其对外沟通甚至国际交流不可或缺的元素。特洛伊大学华人学生团拜会、中秋聚会都少不了 K 老师领衔的饺子组。K 的牧师朋友卡尔邀请 K 到他负责的教会包饺子给教友们，吃过 K 的饺子的教友有的又邀请 K 去他们家开 Party，都明白或暗地提醒 K 包饺子。K 总是很自觉地带着冰冻饺子或面粉、擀面杖加上尺寸惊人的面板赴约。

K 老师的英语水平让她在课堂上完全找不着感觉，但饺子使她自信交友，这又何尝不是另一种国外人生？想起在出国前先学个厨子这种例子，果然是：美食交友，魅力无人抵挡。

K 老师的英语实在不敢恭维，在中国国内拥有高级职称的她听日常会话都有问题，更不要说上课或学术交流，不知道美国人会不会对这个情况有所看法，但 K 老师对中国北方面点为代表的饮食文化的传播未尝不是中美文化交流的一种方式。从 1978 年 12 月 26 日我国改革开放后派出第一批访问学者开始，截至 2013 年，国家留学基金资助的出国留学人员达 18000 名。中国在世界的形象和实际处境在变化，访问学者的身份也随之变化。分散在世界各国的访问学者可能是中国形象的诠释者、中外文化的交流者，也可能是"中国威胁论"的受害者。① 无论前方可能出现哪种情况，访问学者们在出国前都要尽可能做好各种准备。

4. 留学生·小留学生

特洛伊大学在美国属于一般大学，但校长很有商业头脑，是比较早和中国开展"1＋2＋1"或"2＋2"合作模式的大学，在中国境内的合作大学选择标准也很宽泛，从"985""211"高校到名头为师院、学院的高校都有。这使得校园内的中国学生激增，每天循环开往沃尔玛的校车上，八成以上的人说中国话，英

---

① 刘琛：《国际媒体视角下的中国访问学者》，《北京教育》（高教）2016 年第 2 期。

语或其他语言都成了小语种。除了中国，特洛伊大学和尼泊尔、越南的合作办学也挺多（图32为特洛伊大学校园里来自各国的学生）。特洛伊大学的中国留学生除了来自校际合作，还有自己申请来的、通过留学中介机构来的。一所大学的中国留学生数量再多，放在2016年身在美国的三十多万中国留学生中，比例也是极其有限的，关于特洛伊大学的中国留学生之种种不能就认定为具有代表性。另外，特洛伊大学非常青藤大学，所处地非重点城市……除了一颗积极和中国合作的心，因此特洛伊大学的中国学生既有在国内比较优秀的，也有在国内被认为是后进生的，在这个意义上，特洛伊大学的中国留学生在中国在美留学生中又具有代表性。

图32　特洛伊大学校园里来自各国的学生

特洛伊大学招收学生标准宽泛，学生的英语水平参差不齐。专门为英语水平不够直接上专业课的学生开设的ESL（英语作为第二语言）课堂上，中国学生占了大头，正常情况下一年之内修

完 ESL 课程即可上专业课，但也有一年修不完留级的。我参与的
五级写作班遇到一个英文名叫 Rodger 的男孩，这是他在美国的第
二个年头。Rodger 高大英俊，喜欢发言而且很幽默，惹得任课的
年轻女老师对他很是关注。开始我很纳闷，这样的学生怎么会一
年内英语还不合格啊？后来发现他课堂经常打瞌睡或者干脆旷
课，就释然了：愿意漂洋过海拿着接近七比一的汇率换来的美元
来打瞌睡的学生，心理素质一般都很好。Rodger 即使连续消失两
天，重返教室依然是阳光灿烂的样子，不过这样的时候多了，异
性相吸的原理也不起作用了，在很看重出勤率的 ESL 课堂，估计
他的这学期写作课又会挂科。我在专业课课堂也碰见一名瞌睡虫
Z，这个个子小小的男生存在感本来不强，但因为他和另外四个
学生来自中国国内同一所高校的 "2 + 2" 项目，五个人总是习惯
坐在教室中间一排。Z 上课习惯戴着棒球帽，双手环抱胸前，帽
檐拉低，从我坐的位置，刚好看见他经常闭着的睫毛。全球老师
在看清学生的小动作、小心思方面应该都有基本修炼，但 Z 到现
在竟然没有出现挂科，而且已经获得到澳大利亚继续攻读硕士的
资格，有可能瞌睡也要从北半球打到南半球。特洛伊大学的课堂
在我看来纪律要求是严格的，Z 能顺利过关主要是因高频次的平
时测验他基本都能通过，这不是 Z 多么有天分，关键原因是 Z 的
朋友是来自国内同一所高校的 H。H 在这一批合作学生中看上去
最优秀，每每老师布置了作业，Z 都会立即醒来，询问 H。Z 让我
明白一个道理：留学不可怕，可怕的是没有一个认真学习的朋友！

　　当然不是所有学生都像 Rodger 和 Z，大部分学生还是认真
的。刚刚到美国时，多数学生都经历了语言关带来的严重挫败
感。特洛伊大学因为中国学生的数量多，为留学生服务的留学生
中心配备了从国内移民来的辅导员型老师 J。有一次在 J 老师办

公室聊起来，她指着办公桌："刚刚还有个新生在这儿哭，泪水怕都没有干。他反复地问，'为什么呀？为什么这么远来美国？什么都不适应，话也听不懂，这么遭罪是为了啥呀?!'"我问："他没跟家长沟通？""他和家里天天微信，他说他爸爸就一句话，'既然想方设法地去了，花那么多钱，就把学位给我读回来，其他什么都不要管！'这孩子感觉都要疯了。今年可能因为中国的新来留学生特别多，感觉不适应的也多，我是辅导员加妈了！"J老师自嘲道。据媒体报道，2016年因为学业自杀的留学生所占比例不低。家长们一般把孩子送出国了，就长舒一口气，家里出个留学生在很多地方仍然是很有面子的事。"面子"观念使得家长很难接受没有善始善终的留学，但是如果真的因此让孩子在生存还是留学之间挣扎，家长一定要慎重了。对家庭来说，留学多数时候是打一场经济仗；但对很多孩子来说，留学更是心理的深度较量。一个健康成长的留学生，很多时候背后有一个心态健康并懂得理解和支持孩子的家长。

特洛伊大学位于美国南部小镇，自然不像纽约、洛杉矶那样有那么多打工机会，但学生们仍然积极努力寻找挣得美元的机会。我旁听课程的美国本土学生中，凡是和我有交往的，都有打工，但以兼职学校岗位居多，薪水大都不足以支持生活，算是多些补贴罢了，比如做教务助理。据我观察，"肥水不流外人田"这样的心理使得校内勤工俭学以美国本土学生为主，另外，因为语言问题，这些岗位留学生也很难胜任，比如写作中心兼职，需要为其他学生特别是留学生提供练习口语、帮忙查看论文等服务。

特洛伊大学的中国留学生的打工工作以做中餐馆服务员、开地下出租车、自主创业居多。特洛伊镇只有两家中餐馆，机会有限，好在有车，有的学生就把触角伸到了临近的首府所在城市，周末两天开车去中餐馆帮忙点菜、端菜，收入主要来自小费，十分有限。特洛伊镇和多数美国大学所处的美国农村一样，没有任何公共交通，对于没有购车的人来说，要出行时除了央求别人没有其他办法。自称"特洛伊镇大出租"的学生 L 在中国学生群里很有名，不少人对他可谓又爱又有点小恨。只要按照 L 所要求的美金付费，L 基本会答应任何时间带你去任何地方，凌晨两三点，从迈阿密到纽约，L 皆不辞辛劳。长假之前，为了满足接送留学生去机场的需要，L 会租一辆商务车。另一方面，L 从不讲价，其收费折合成人民币是一个很高的价钱，大家背后都认为他很"黑"，但其实与美国人的服务收费相比，L 的收费尚可。没有车的多为暂居特洛伊镇或者刚到特洛伊镇的中国人。在我看来，L 的生意相当可以，也侧面打听了 L 的学业没有挂科，哪怕他经常起早贪黑地载人，因此我还是有些佩服他的。高大壮实的 R 来自中国北方某省，在国内本科就读体育专业，手臂上有鲨鱼文身，严肃时看着挺吓人的一个大男孩，笑起来却萌萌哒，熟悉他的人故意把文身认成温和友好的海豚。L 更有一手好厨艺，由此博得"大厨"的美名。多接触几次才知道 L 的厨艺是出国前特地参加培训班学得的，再加上从小就对吃的感兴趣，通过不断琢磨其厨艺才达到如今的水平。来美国两年的 L 曾经在特洛伊镇开饭馆，我也不好细问作为学生的他怎么开，又怎么倒闭了。后来他的厨艺主要用于满足自我或者让朋友分享美食。每逢特洛伊大学的外国文化展示活动或者中国学生聚会，中餐是不可缺少的科目，L 都会撸起袖子上阵。L 时不时也在学生群里售卖餐点，比如"今晚提供土豆烧牛肉便当，12 美元，可送货上门"。L 从小练习体育，常见体育项目无一不精通，L 十分希望留在美国，他的未来蓝图里，很多与餐饮有关，"开个中餐馆"是他想象中的美国生活的目标与核心。

近几年的青春题材电影风靡银幕、荧屏。很多影视剧的情节之一便是男主角或女主角出国了，导致爱情戛然而止，甚或自此不再相见，到了国外的爱情是怎样的呢？特洛伊大学的留学生之间的爱情虽然不代表所有留学生的爱情模式，但也可窥一斑。女孩 M 和男孩 N 是来自国内同一省份的学生，来美国之前并不认识，因为两人就读于同一专业，很快从陌生变得对彼此产生好感，语言和生活习惯的互相认同让爱情来得很快，两人便租房同居了。M 的口语比 N 好，N 的驾驶、修车技术相当可以，两人在一起的生活有时看上去就像多年的老夫妻一样，各司其职、搭伙过日子。毕业后无论是留在美国还是回国，他们会真的结婚吗？这些问题对"90 后"的小年轻来说，完全不在考虑之中。考虑又怎样？计划没有变化快。在我看来，很多留学生之间的爱情有现实婚姻之实。如果在一个华人很少的地方就读，爱情、亲情、思乡情……很容易混在一起。前文提及的男孩 L 是南方人，细皮嫩肉看上去很年轻，但一和他聊天，就有历经沧海桑田的感觉。他曾供职于国内公司几年，被公司派来特洛伊镇附近，结识了在特洛伊大学学护理的女孩 S，加上其他原因，他辞职申请了特洛伊大学的硕士，但快毕业的 S 不太有耐心等他了，报名参加了美国军队，她的专业使她很容易通过筛选，成为穿老美军装的华人。L谈起往事看似云淡风轻，在比他年纪小的留学生面前常会摆起大哥的谱，谁又知道他心中的实际负荷？在异国土地上，相比身份、绿卡，爱情或许真的微不足道。

许多媒体报道，随着中国学生异国求学低龄化，寄养家庭疏于管教，小留学生们可能缺乏修养，沉迷于炫富，离父母亲人的期待很远。2016 年我在参加曼哈顿第五大道的感恩节活动时，在即使在第五大道也算冠盖群芳的商场——这里任何一件东西折合成人民币都让我这等国内大学教师瞠目结舌——路遇几个说普通话年龄不足20岁的男孩、女孩，所有人的两手均满满地提着购物袋，谈着各种全球驰名的品牌，我在心里说："这就是海外'富二代'。"

在回国的飞机上，挨着笔者坐的是一个在田纳西州某教会学校读中学的北京男孩。我因为一个小失误被工作人员用英语点名通知，我忙不迭地站起来回应，待到空姐走到身边又没有太听明白她的意思，男孩帮我解了围，大概我在他看来是那种英语很糟糕的初次出国者。他主动帮我很多事情，包括怎样使用座位边的电视。我们就自然地攀谈起来，才知道这个个子高高的孩子才16岁，帮起忙来有板有眼，笑起来仍然稚气。男孩告诉我现在就读的学校是他自己联系的，直接和校长电话申请，他们的校长很快要来成都一段时间，他正计划要去接待一下。男孩和我讲到他和两个寄养家庭关系都不错，没有如网络上各种对"美爸""美妈"的抨击，之所以搬到第二家，是因为第一家生了一个小孩子，太吵了。这是个遇事平和、理性、充满爱心的孩子，即使说到寄养家庭吵闹的小孩，他也告诉我他很愿意不忙的时候帮忙照看，也确实付诸行动了，但那孩子会用沾了口水的手抓他盘子里的东西，夜里哭闹得太严重，影响他第二天上学，他才提出搬走的。男孩说他是那个学校唯一的中国学生，他参加了学校课外的长跑、篮球培训，偶尔还客串一下钢琴手。我能想象这个英俊、文雅的孩子在美国南方艳阳下奔跑的美好身影和笑脸。他每个长假都回家，就像在国内上学时放寒暑假差不多，也不需要父母接送。而他所思念的亲人中，他最心疼八十多岁的爷爷，他很担心爷爷也许时日无多，作为孙子他能做的就是多陪陪爷爷。

男孩也谈起他的一个在美国不分白昼打游戏的朋友，以加州某大学留学生身份来的，几乎没有认真到过课堂，竟然也通过各种渠道买到了各种毕业身份证明。我很好奇："不是现在都要网络化，买只能纸质的吧？""不知道，反正最后他什么都齐全，好像有的学校针对中国留学生形成了一套体系，给钱几乎什么都能办到。"男孩没有评价朋友，只是客观介绍，这个朋友已经在北京工作。我问："那么他家一定有很好的背景，应该有个好工作吧？""没有，在很普通的门市上班，就算家里找了，他什么都没学到，怎么上班啊？他倒是有自知之明，主动不要求。"男孩的话里也流露出了他的态度。

认识了这些留学生、小留学生、小小留学生，加上回国之后有人来问我对留学的感受，让我主动观察起那些家有孩子在国外的家庭。包括大学、中学、小学，甚至幼儿园在内，不少学校有各种和国外机构的合作项目：夏令营、月度交换、学期交换、学年交换……但并非钱多就能办好事。我的一个同事的孩子小学曾去美国，计划待一年，结果实在没有办法适应美国的校园生活，待了一学期就回来了，而且导致这个原本在国内班级很出色、自信满满的孩子信心大跌，很久才恢复元气。另一个孩子就如同我偶遇的北京男孩，中考完了，一个人拖着行李箱前往美国读高中，之前他在小学高年级时和访学美国的母亲一起在美国待了一年，独自赴美后他把自己的生活、学习料理得井井有条。然而，并非之前去过国外就有助于留学，出国经历也可能阻碍留学，年近半百的访问学者 K 来美国的主要目的可以说就是为了给在国内上本科的儿子读硕士探路，暑假专门让儿子来学校，体会美国校园生活，也一起去美东、美西游了一趟，结果儿子告诉妈妈："我一定不留学，太辛苦！"K 为提前让他来美国后悔不迭。"也许，懵懂来，遇到困难咬咬牙就坚持下去了。"K 说。

5. 嫁个美国男人

跨国婚姻对于第三世界国家的公民来说，不是个轻松的话题。出国前，以前我教过的一个自认为结婚是其"老大难"问题的学生郑重地对我说："老师，你给我相个美国帅哥吧，要大长腿哦！"我认真答应了。到了特洛伊镇，我犯难了，以沃尔玛为中心的商业广场，在超市门口驻足，约莫30个人从我视线中走过，大概10个以上是胖子，而且是胖到以我近40岁的年纪都没有见过的那种胖，就算是长腿，那也是柱子型。我总结出来：胖子一般不出国，至少不到中国，因而我们在国内看到的美国人一般都不胖。好莱坞电影里的帅哥就更不用说了，那是全美国甚至是全世界选拔出来的最有魅力的男人经过包装后展示出来的，千万不要以为那些男主角就代表着美国男人。

在特洛伊镇碰到的30岁以上想留在美国的中国女性，有一个共同点：国内没有丈夫。她们一般在中国国内离过婚或者拖成了众人眼中不讨喜的标准剩女。与其说是绿卡的诱惑，不如说是开始一段新生活的美好让她们愿意赌一把。G是其中的一个代表，她是以访问学者的身份来美国的，我刚到特洛伊镇就知道她的大名了，因为她一心想嫁个美国人。G的英语很棒，又是一个很有规划的人。G租房子时选择了一个跨国婚姻家庭，男主人为白人，女主人是中国人，在国内网上征婚，男主人亲自拿着房产证、户口本等各种证明到中国把她娶了回来。G希望女主人能传授给她更多的"嫁给美国人"的经验，或者男女主人能拓展她的交友空间，但效果似乎并不明显。女主人有没有像某些小说里写的那样，防着G接近她的丈夫以免被撬墙脚？这就不得而知了。G常常把别人给她介绍的各种男友告诉和我住得很近的J，只有一次，G离婚姻很近，对方是一个据 G 说长得很帅的警察，只不过是黑人，肤色让 G 却步了：
"我不想我的下一代是个黑人。"关键时刻 G 表现出骨子里的种族
歧视意识，哪怕对方是一个年轻帅气的黑人警察。"嫁给美国人"
的愿望还要加一个限制，其实是"嫁给美国白人"。在特洛伊镇，
我遇到的华人妻子和美国丈夫，几乎都是年轻的中国女性和美国
老头的结合。因为好几个国内同事的女儿在国外找的都是年龄相
当的丈夫，我以为中国女性的跨国婚姻有很大变化，但在特洛伊
镇看到的现实情况说明，好像变化不大，仍然是老少配为主。

尽管中国国内的女性处境已经发生了很大改变，但很多美国
人对于中国女性的想象还是一厢情愿地认为中国女人贤良淑德、
任劳任怨。老一些特别是有过失败婚姻的美国人因而愿意找中国
女性为妻。一个嫁给美国人的阿姨 X 说得很直白："美国人找中
国人，就是为了找个保姆！"她只说对了部分，尽管媒体报道各
种为了绿卡而结婚，拿到身份后急速离身的中国女性的情况，但
还有很多结婚后一起生活很多年的跨国夫妻的例子。美国法律并
不认可夫妻的经济是捆绑在一起的，不认同"夫债妻还"，很多
美国家庭夫妻的日常消费都分得很清楚，X 阿姨所说的"保姆"
婚姻中，如果男性不够体谅和主动，女性还面临着经济问题。X
和她的丈夫一起生活 8 年多了，有一点不可忽视，X 在中国国内
是医生，到美国后开了诊所，当然这离不开她丈夫的支持，但开
起来后都是她在经营，她有独立的经济收入，这使得她在这桩婚
姻中不是附属品。更多的情况是近几年嫁到美国的中国妇女，来
源地范围已遍及中国的沿海和内地、城市和农村，她们自身没有
能力到异国获得经济收入，也缺乏为自己争取权利的意识及本
领，在婚姻中的处境可想而知。美国法律对女性公民的保护、美
国本土女人强烈的个人意识，使得美国人的婚姻极易走向解体。

尽管中国经济崛起，但仍然是一个发展中国家，文化背景、语言的不同使得跨国婚姻充满了不确定性，但出生国度的差距带来的新鲜感，加上彼此还有利益的需要，中美夫妻愈来愈多。这或许也是从另一个角度印证了"柴米夫妻"。

由于美国多数州在判决离婚时倾向于将财产判给女方，美国男性对婚姻很谨慎，弄不好就净身出户。前文提到过的特洛伊大学某学院有个年逾古稀的 K 老师还在上课，一位 60 多岁的老师 E 不屑地笑着说："他离婚了，房子、钱都给前妻了，他需要钱！" E 喜欢和那位亚裔老师 J 来访学楼溜达，他身材矮小，他的自信不知道是由于一直自我感觉良好还是只限于在中国人面前。他提及以前来的好几个女性访问学者都喜欢和他套近乎，当知道其中一个在国内已离婚时，他判断那位女老师对他别有用意，想赖上他留在美国。我听了有些生气，跟他解释大学老师在中国国内的社会地位、经济收入都过得去，犯不着要这样，心里有半句没说出来："何必要贴上来做第三者，还是个老头的。"无论事实怎样，我不愿意美国人这样说中国女人，然而无论怎样解释，E 都不认为自己的眼光有偏差。多年来的偏见（部分原因是中国女性自身造成的）让中国女性留给一些美国人的刻板印象难以改变。

L 阿姨和她的丈夫 Jack 是个例外。L 在中国国内是某省会城市的退休小学教师，老伴已经去世。因为女儿、女婿在美国读书生孩子，她前来照顾。女儿要回国了，问母亲是否喜欢美国，是否愿意找个美国老头，她还在犹豫，女儿果断给她网上征婚，迎来了退役军官 Jack。两人一见钟情，如今已经婚后第十个年头了。L 阿姨很不好意思："你看，我的女儿都回去了，我还在这里。"我以为这是一段佳话。娇小的 L 站在高大的 Jack 身边，Jack 紧紧搂着她让我们照相。这是我在特洛伊镇见到的第一对年龄相当的美国人和中国人的跨国婚姻。Jack 仍然对中文几乎一无所知，在我和 L 说话的时候，他独自一人在旁边听手机里的音乐。L 隔一会停下来对我说："你英语好，你和他聊聊天，我的英语又不行，平时在家里我觉得他太闷了，让他开心点。"L 又告诉我，她在国内时都不怎么爱做饭，基本不会做面食，现在啥都会，包子、馒头、花卷、饺子……L 的话让我感觉虽然这夫妇俩之间有语言的隔膜，他们的生活还是充满爱意。

留学生 Y 在微信上晒出她和美国老公的结婚照时，刚刚过了 20 岁生日。她的老公与她差不多大，真正一对小夫妻。现实中我与 Y 夫妇不熟悉，所有信息均来自她的微信空间，Y 一边做着美国代购，一边秀她甜蜜的婚后生活。这是我在特洛伊镇知道的第二对年龄相当的中美跨国婚姻。Y 本人既不是中国人眼中的美艳女子，也不像邓文迪等那样具有外国人眼中的中国风情，她是个个子小小、身形微胖的女孩子，能让人注意到的是她每天的浓妆，特别是烈焰红唇，日常化的恩爱秀有时让我迷糊：到底是因为有爱才秀还是因为丈夫是个美国年轻人才秀？

6. 来自中国的养女 Madison

2005 年，中国国内学者黄邦汉、俞宁出版了国内第一本关于美国家庭领养华童的专著《华鸟美巢：美国家庭收养中国儿童问题研究》①。第一批被美国公民领养的中国婴孩于 1985 年到达美国，截至 2008 年，生活在美国家庭的领养华童已经超过 7 万人。②

---

① 黄邦汉、俞宁：《华鸟美巢：美国家庭收养中国儿童问题研究》，合肥工业大学出版社，2005。

② 万晓宏：《美国华人新移民中的一个特殊群体：领养华童》，《八桂侨刊》2010 年第 2 期。

我到达美国时又过去了 8 年，美国家庭领养的中国婴孩应该已经远超过 7 万人。这个庞大的群体对美国社会、中美关系究竟会产生什么样的影响？由于这一群体中的多数人年龄尚小，难以下结论，同时也没有人进行系统、深入的研究。再过几年，这会是一个有意思的研究领域。

在远离经济、文化中心的美国南部特洛伊镇，我在短短几个月时间里，竟然遇到了一个 18 年前被养父母带来美国的华裔女孩 Madison（以下简称 M），这件事只能用中国人的一句不过时的口头禅来形容——"缘分啊"。初遇 M 是在教会组织的户外活动上，习惯了特洛伊大学多元化的学习、生活环境，我对典型亚洲人长相的 M 没有更多关注，直到同行访问学者告诉我："M 是小时候被美国人领养来的中国孩子。"我才开始好奇起来。我想详细了解这个脸蛋圆圆、扎着马尾、肤色即使在中国人中也偏黑、笑起来有浅浅酒窝的女孩，但又担心触动她心灵的伤疤。童年被遗弃的经历对于任何一个人来说应该都不算美好的回忆。

我们的交流主题始于对未来的打算。M 已经大三了，专业为生物，她打算申请中国农业大学生物相关专业的硕士继续深造，她的养父母支持她到中国继续学业，但另一方面又舍不得她走得太远。M 和养父母之间的关系给我的感觉是爱意浓浓。她表示基本每个星期都要回家，幸好她家就在本州，本来她拿到两所大学的通知书，另一所大学更好但也更远，养母建议她就近入学方便回家。M 也舍不得养母思念过度，没怎么抗议就妥协了。M 还有个妹妹，也是父母收养的。她说母亲希望她们一辈子不要离开家，但又认为她们应该更多地了解出生国。这样的矛盾心理和中国国内很多家长相似：希望孩子有出息，又怕孩子走得太远。

M 的中文能力基本为零。她来到美国时不足两岁，是被养父

197

母从浙江的福利院接走的。一来就 18 年了，看着眼前这个瘦高、英语十分流利，也颇有主见的女孩，实在难以将她和多年前被动接受命运安排的小小生命联系在一起。M 的养父母虽然爱她，但还没有来得及带她走很远，她和家人的假期基本都在本州或邻州的风景点度过，没有去过纽约、洛杉矶之类的大城市，更不要说到中国。这些信息也侧面表现出收养家庭可能并不很宽裕。M 不远的将来的计划就是到中国旅行，一定要去浙江曾经收养她的福利院看看。这是一次愉快的交流，M 时常情不自禁发出的笑声表明她是一个开朗、活泼的女孩。我实在不好意思开口问她对亲生父母的看法，是否有怨恨之类，但直觉即使问了，她的回复应该也是平和的，更何况她已经是基督徒，"一切都是上帝的安排"这样的话估计也就顺口而出。

后来，我在特洛伊大学义务帮助留学生提高英语水平的地方再次遇到 M。她是这里的常客，能帮助到别人对她来说是很愉快的事，她并不在意被帮助的对象是否来自中国。她和中国留学生有较多交流，无非因为特洛伊大学留学生中中国人最多。

在美国遇到的唯一一个被美国人收养的华童 M 建构了我对美国收养家庭、被收养孩子很正面的形象。目前，来自中国的婴孩数量仍然排在美国家庭跨国领养婴孩的首位。随着中国对跨国收养政策的紧缩和中国国内领养需求的增加，中国婴孩的跨国被领养历史或许不久就会终结，Madison 们的人生命运将成为历史。

7. 偶遇中国商人

2017 年 6 月下旬，阿里巴巴总裁马云再次来到美国，在底特律发表了《错过中国，你就错过了未来！》的演讲，现场引发 3

次全场掌声，中国媒体给予了这一事件足够的曝光度和好评。①
2017 年 1 月 7 日，马云和新上任总统特朗普面谈；② 2015 年马云
在美国见过前任总统奥巴马；2005 年在中国见过前总统克林顿。
马云把一个中国商人和美国高层的往来演绎到极致。这既有马云
的个人原因，如英语好、善于交际，更有中国在国际影响力增强
的原因。图 33 为我在华尔街铜牛前的留影。

图 33　笔者在华尔街铜牛前留影

　　马云处在不时行走在美利坚土地上的中国商人群的顶尖位
置，还有更多的中国商人在美国以及其他国家投资或寻找商机。
随着全球格局和中国自身的变化，这个群体的人数会越来越多，

①　《马云在美国到底说了啥？3 次被全场热烈掌声打断》，http：//
zj. zjol. com. cn/news/679323. html。
②　《看昨晚马云与特朗普见面时的气场》，http：//finance. ifeng.
com/a/20170110/15134076_0. shtml。

商人们也呈现出不同的特点。20世纪末风靡一时的电视剧《北京人在纽约》中人生经历大起大落的王起明不能代表他们。2013年的电影《中国合伙人》中的角色状态也不全是在美国的中国商人的常态，新梦想公司在美国成功上市，但公司主要业绩和发家过程都是在中国完成的，有人将这种状况称为在中国的"美国梦"。

我在美西跟团旅行时碰到一个在美国旅行的中国商人。他本来是准备到美东著名学府洽谈事务的，提前几天来旅游一下。这个给自己起了英文名Peter的精明的"80后"英语不怎么好，这是他参团旅行的重要原因。他在中国国内从事生物制药行业，简单介绍主要是从事一种抗癌药物的研发和生产。他很骄傲地告诉我此种药物在市场已经小有名气，他的研发团队中有部分人一直在美国，他觉得药物的性能还需要改进，他这次来就是为了再商议研发资金投入，顺便有人带他参观美国大学的医药实验室等。Peter的话有多少水分，我来不及仔细分辨。大半日行程里我与他相伴，一直听他谈公司的状况，我并非相关专业人士，也不是手握巨款的投资人，Peter讲述的动机顶多算得上一个事业有成的人向同龄人的炫耀。Peter对于美国的技术十分相信，但对于投资美国则显得很谨慎，他说一直在寻找，目前还没有合适的机会。

Peter也给我讲述了他的两个可爱的孩子，以及洛杉矶的著名华人"二奶村"罗兰岗。电影《北京遇上西雅图之不二情书》中的文佳佳曾是被情人安置在西雅图的"二奶"，罗兰岗的中国"二奶村"更加有名。① Peter的生意依赖国内市场，但和很多跨国活动的中国人一样，对国内的教育、医疗大加抨击，大女儿已

---

① 《揭秘美国罗兰岗：华人"二奶村"中国美女集散地》，http://bbs.voc.com.cn/topic-5334099-1-1.html。

经上小学，选择的是国际学校。妻儿的移民，在 Peter 看来也是十分容易和迟早的事情，先前他已经以投资的方式在洛杉矶设立了办事处，他的妻弟作为办事处的负责人已经移民居住于此，Peter 下车时就是这位先生开车来接的。

中国商人经商、投资于世界各地已经不是什么新闻。"香港媒体称，投资界早就期待着中国对美直接投资的大潮。现在，尽管仍面临挑战，但美国终于迎来了大量中国资本。"① 我不知道具体有多少个从中国来的 Peter 在美国大地上行走，这个数量估计会越来越多。中国人包括中国移民之前如果经商，仅限于早年的开办烟馆、戏院以及长盛不衰的中餐馆，且地理位置基本限于"国中国"唐人街，这样的人物和场景在美国的影视剧中已成为常态（图34为亚特兰大市"大中华超市"一角）。随着中国商人在美国数量的增加和质的变化，中国商人的新形象也会出现在媒体、银幕和荧屏上。

图34 亚特兰大"大中华超市"一角

---

① 《中国商人该如何在美国做生意?》，http：//finance. cankaoxi-aoxi. com/2013/0825/261008. shtml。

二 旅游在美国

随着越来越多的中国人出境游，"中国人有钱"的名声越来越响。中国人在海外的种种惊人之举也引起国内媒体的关注。我在美国期间参加了华人旅行团，也在一些景点零星地遇到其他华人旅行团的游客。

印象之一是中国游客数量可观。在美国旅行的中国人，以中国大陆人为主，也有台湾、香港的，几乎在每个有名的景点，无论是西海岸的大峡谷还是东海岸的自由女神像边上，恍若在国内旅游，举目一望或者仔细倾听，听的都是中国东西南北的方言，看到的是叔婶哥姐的脸庞。由于中国游客的数量多，很多景点的介绍都配备了中文版，文字的或者语音的。

印象之二是走马观花的旅游质量。此处主要指我参加的华人旅行团一类。在国内多地提倡将观光旅游转型为体验旅游的背景下，接待来美旅游的中国人的华人旅行社所提供的旅游方式是绝对的观光，还是跑行状态下，呈现"下车拍照，上车睡觉"的状态。参加旅行团的多半为年纪偏大、英语不行的客人，几乎没有人来之前对所到之地做较充分的前期了解，全凭自己一双眼临时看和导游一张嘴介绍，大概回国后对亲朋好友炫耀一下："我来！我见！"旅行"完美收官"。

印象之三是旅行中家庭矛盾的多样爆发。其中一对夫妇的争吵过程是我跟团随旅游大巴车在旧金山渔人码头亲眼所见的。从游船上下来，一对50多岁的夫妻就吵上了，男："早知道这样，就不坐船了，还花那么多钱。"女："你以为我想坐啊，还不是因为你没有来过，我都来过的。"男："全是雾，啥都没有看见。"女："未必是我招来雾的吗？"两人上车了，还在嘟囔，男："说是不来不来你偏要来，资本主义有啥好看的吗？"女："哎你这个人才好笑哦，我来过美国回去说给你，你不信，叫你亲自来看看，你又这样意见那样意见！"丈夫看上去可能曾是个级别不低的公务员，妻子要随和得多，之前也来过美国，两人刚好坐在我的后面。一路上从和风细雨的讨论到脸红脖子粗的吵闹，从花掉的美元折合成人民币多么令人心疼到社会主义和资本主义的意识形态之争，都没有逃过我的耳朵。这位大叔口中偶尔冒出来的词令人一抖，让人以为回到了 20 世纪 80 年代初甚至"文化大革命"时期。听他们从阶级斗争谈到全球化、地球村，这种感觉很新奇。他们的争吵能让我想到"不吵不闹不是夫妻"的道理，也能感受到一个屋檐下的夫妻，因为见识和性情的不同，对同一件事情看法的巨大差异，以及呈现出的代际之别，虽然他们年龄相仿。

当然，自助旅游的中国人也不在少数，他们说着没有交际障碍的英语，熟悉各种交通工具，对具体地点的旅游有清晰的规划和目标，颇有"世界公民"之范儿。这让我想起出国前在美国领事馆的签证窗口，邻窗的貌似夫妻的两人递出护照，上面盖了很多国家的签证，签证官啥都没问就给他们盖章了，这样不添麻烦只送钱来的游客谁不喜欢呢？

按照到美国的实际开销和苛刻的签证方式，能够来美国旅游的中国游客经济实力都够得着"中产阶级"的标准。随着中国的发展和人们收入的提高，中产阶级已经成为媒体和商家关注的对象，尽管有人也认为中国的"中产阶级"是个伪命题，认为中产阶级的划分标准基本是自说自话。很多机构或个人认为有海外经验是中产阶级必备的一条,① 海外求学、旅游都算在其中。我认识的高收入者一有假期就到国外旅游基本上成为习惯。经济状况是衡量中产阶级的重要标志,但不是唯一标准,目前中国在经济收入上已经达到西方中产阶级的人士却可能没有他们那样的修养和心态,近年来媒体报道的中国游客在海外的各种惊人之举是佐证之一。前文提到一边旅游一边斗嘴的中年夫妇,经济收入不低,却经常因为源于意识形态的观点分歧把美好旅程变成了吵闹不休。走出国门的中国人是中国形象的诠释者,以游客为代表的暂时性出国者虽然收入总体偏高,但人员素质参差不齐,他们奉献给世界的是一幅多样化的有些杂乱的中国图景。图 35 为旧金山市政大楼中的游客,其中很多来自中国。

图 35　旧金山市政大楼内的游客

———————————

①　参见辛保平《中国中产阶级真相》,《科学投资》2003 年 Z2 期;《中国新中产阶级崛起:一个富裕时代的开始》,http://finance. sina. com. cn/g/55113. html;李阳《中国中产阶级现象的解读——基于中产阶级涵义辨析》,《陕西师范大学学报》(哲学社会科学版) 2013 年第 4 期。

三 圈子文化

"我没有（或者'已经'）进入他们的圈子"是中国人到一个陌生地点一段时间后爱说的一句话。费孝通先生在《乡土中国》中所言的"差序格局"是对这种圈子文化的理论化。某种程度上，由多国移民组成的美国本质上就是一个个小圈子组成的大圈子，如纽约的小意大利、小德国、中国城、韩国城……小到穿衣吃饭、大到价值观念，都有各自的圈子。然而此圈子非彼圈子，根源于农业社会的中国传统文化的圈子和基于人口流动的美国移民圈子有很大不同。

日常生活中美国本土人士也有一定的小圈子。特洛伊大学的 S 博士说一些 Group（组、团队）里面，一般出于共同的爱好大家走在一起，比如钓鱼、探险，但在这样的小圈子里，这样因爱好而结盟的小团体中，大家基本只谈爱好，哪怕像总统大选这样十分公共的话题也很少有人发表看法，人们不会分享自己投票的候选人，更不要说利用自己的影响力动员大家投票给某人。以个人主义为基础的西方社会即便是有小圈子也不同于中国式的以共性压倒个性的小圈子。美国社会中基于母国形成的移民小圈子不截然与外界隔离，总是有个豁口与其他圈子相连，这也反映在这些年来美国种族政策的一个转变上——从之前企图以白人文化为标准发展到当下允许保持各自文化特点的多元文化策略。

带着传统圈子文化印迹的中国移民在这片号称自由之土的国家如何延续自己的处世之道？虽然华人移民近年有增加的趋势，华裔在美国仍属于少数族裔，少数族裔内部也有分化。图 36 为我拍到的一个中国移民的院子。我在洛杉矶曾经乘坐一个华裔开

图36　一个中国移民家庭的院子

的出租车，她是福建移民。福建人在华人移民中占有很大比例，而这个司机显然以她是福建人感到骄傲，更为她是福建人感到幸运："福建人移民到美国的最多了，我们聚会时都说福建话。""那别人听不懂怎么办？""不用管啊，听不懂的就不会来，他们可以去参加他那个家乡的人聚会啊，比如四川人、东北人。"普通话、中国字自然能把华人移民和其他人群分开，在华人内部，借助不同方言大概又可以形成不同的圈子。

前文已经提及宗教对美国人的重要意义。多数移民到美国的人，自然不甘心长时间被边缘化，总想着以某种方式从边缘走向中心，组织或参加华人教会是一种方式。特洛伊镇很小，没有建制完整的华人教会，也没有长期在此的华人牧师。热心人士以宗教名义在 T 大学申请了一间活动室，每遇到大型活动，热心者便会免费车载感兴趣者去邻近大些的城市的教会。在这样的大型活动现场，总会有某个白人牧师被请来，似乎只有白人牧师的到来才能表明本次活动是严肃的、受到重视的。刚刚移民到美国特别是身处美国乡镇的华人很多通过参加华人教会结识当地华人，或者参加一般性的宗教活动结识本地人，其中很多人并没有宗教信仰，如果后来真的加入了某派宗教，很可能是出于便利、实用的选择。

华人教会之间的关系也比较有意思。我参加了一个华人家庭的大型聚会。女主人 L 阿姨告诉我，本来邀请了华人教会的热心人士 X 阿姨来，但她问有没有邀请另外一个教会热心人士 Z 先生，得知邀请了 Z 先生，X 阿姨就不来了，哪怕本来和 L 阿姨关系不错。L 也不知道 X 和 Z 到底有啥矛盾，揣测可能就是因为 Z 先生把这边教会的某些人动员到那边教会去了，或者说是两人各拉一个圈子，互挖墙脚。X 阿姨在我看来是极富奉献精神的，每逢活动，义务承担种种琐碎事务，可以为了节约开支凌晨三点起来蒸包子、煮鸡蛋，但她难以用宽容的心态对待另外一个团队，但也许上帝都觉得这种心态并没关系。

久居美国的华人和美国本土人士的交流是怎样的，很多媒体也有报道：工作时间他们是美式的，业余时间赶快回到华人文化圈子，这是一种严重分裂的生活状态。由于各种原因移民到海外的中国人自称"海一代"，称他们的孩子为"海二代"。我从一些海外华文机构的征文中，看到第一代移民们确实如媒体总结的那样生活、工作，上班时间和他/她移民的那个国家的普通国民一样，下班后就回到了中国、农历时间，说着中国话，过着二十四个节气，欢天喜地迎春节。这种状况让他们对"海二代"的养育观念充满矛盾：一方面希望他们的孩子能真正地融入该国，另一方面又希望孩子们不要忘记母国的语言、文化。年轻的"海二代"抗拒着这种耳提面命，其结果可能使这些孩子们会说一些中文，但大字不识几个。前文所提及的福建移民女司机就告诉我，她的两个女儿，大女儿在国内出生，原本会写些汉字，现在都忘记了，但会说会听；小女儿在美国生，听说汉语都比较困难，每次让她学习，她就问："妈妈，我已经是美国人，你要我学习汉语有什么用？能帮助找工作吗？还不如学习西班牙语。"遇到类似情况的"海一代"们的回答都没有底气，在另一个国家坚持让自己的孩子学习此时已经很少有实用价值的父辈的母语，只是一种情怀罢了。他们努力在异国打造小圈子，愈是想把孩子们拉进来，可能愈加使他们远离。

"海二代"们能真正走进原生公民的圈子么？我没有和真正的"海二代"面对面交流过。从一些媒体资料知道，至少在美国是这样：想要从华人圈子走进主流社会的白人圈子，除了肤色、长相，即便你的一切都和他们一样，但就因为这个无法改变的事实，你就没有办法从根本上走进去，各种隐性的肤色歧视在未来路上等待着你。"海二代"们退而求其次，又形成他们自己的圈子——父辈的圈子被延续下来并有一定的改变。如今随着中国经济的腾飞和在全球影响力的增强，一些"海二代"回到中国，少数在各种选秀节目中露脸并已经具有一定的公众影响力，更多的在这个父辈曾经的祖国并没有生活得如鱼得水，而是产生各种陌生和不适的感觉。在西方文化熏陶下长大的他们，没有中国传统的抱团意识，但如果有一天遇到另外一个与自己一样肤色、说一样语言、对这里其实很陌生的人，他们一定会觉得更亲切，更了解彼此，从而形成另一种意义的圈子。

四 全球化时代的身份、国家形象

"我是谁？""我从哪里来？""我到哪里去？"全球化时代在

国家与国家之间流动的人们不经意间可能会思考这几个问题。走出国门之后，特别是经历走出去又回来这样一个轮回之后，我对这些问题有些粗浅思考。

身在美国这样一个移民国家、多元文化环境里，人们一方面是自由的，另一方面远离母国的孤单感在很长时间里难以摈除。人们在工作之余，寻找情感和文化的归属在所难免，而且这种寻找基本是秉持一种就近、接近性原则。我主要居住在美国南部的小镇，华人相对较少，只要有聚会，无论是在留学生主办的文化展示活动中还是华人教会组织的活动中，都能看到各种来路的华人。从在美国的身份而言，老移民、新移民、留学生、像我这样的访问学者、孔子学院教师甚至短期来旅行的人都能碰到；从来自的地域看，大陆来的、香港的、台湾的华人都聚集一堂。图37为美国小镇的"中国城"。我通过短暂的美东、美西旅行以及通过朋友了解到，在华人比例高的地方，华人内部也被划分为不同的圈子，港澳台和大陆的很少在一起，大陆的可能也按照省份或方言划分为更小的圈子。划分的细致程度取决于该区域的华人数量和来源地。由此让我想到本尼迪克特·安德森提出的"想象的共同体"概念，"它是一种想象的政治共同体——并且，它是被想象为本质上有限的，同时也享有主权的共同体"①。

"现代公民身份以民族国家的建制作为出发点，公民身份假设了民族国家的政治前提，是国家成员资格、公民权利和公民义务的集合体。"② 在美国南方小镇华人的聚会活动中，公民身份

---

① 〔美〕本尼迪克特·安德森：《想象的共同体 民族主义的起源与散布》，吴叡人译，上海人民出版社，2003，第5页。

② 郭忠华：《全球化背景下多元公民身份体系的建构》，《武汉大学学报》（哲学社会科学版）2010年第1期。

图 37　小镇的"中国城"

被淡化了。人们因为中华文化习俗而聚，"想象的共同体"主要是"文化的共同体"。印象中只有一次比较尴尬的场面，在一个美国宗教组织举办的聚会上，组织者介绍参与者的来源："……今晚的朋友们来自中国、韩国、日本、尼泊尔、越南、台湾……"说到这里，一个女生大声喊道："不能单独说台湾，台湾是中国的一部分！"全场安静了一小会儿，很快就恢复闹哄哄的正常气氛了。除了美国人操办的聚会，华人的聚会多半选择在开学之时、中秋节、元旦等时间主办，节庆日本来就是容易产生思乡之情的时间。这个女孩此番举动是故意为之还是一种出于本能的自觉就不得而知了，从现场反应看，在异国抱团取暖以减少思乡之苦的需要超过了对政治分歧进行驳正的需要。在场的参与者中中国大陆来的留学生占绝大多数，祖国的强大使海外学子更加自信，对一些有意或无意的不友好的言论并不锱铢必较，何况他们多半只是在经济高速年代出生、国内生活较为优裕的二十出头的小年轻，对于政治或许有天然的疏远心态。

我在美国碰到的为数不多的几个"ABC"对中国政治的负面看法很多，这很出乎我的意料。由于历史原因，他们的父辈可能是被迫离开中国，辗转或直接来到美国，并在子辈或孙辈成长的过程中不停地讲述自己经受磨难的往事，这些经历给后代留下极为深刻的印象，以至即使我和同伴不停地向他们解释现在的中国和他们的父亲或祖父辈所处的特殊时期的中国状况不一样了，他们仍不相信。我们说，你回去亲自看看不就清楚了？他们中的一些人甚至坚持说他们见到的是假象，不是真实的中国。我感到对成见很深的人，要改变他们的观点是一件十分困难的事，这部分人在中国形象的海外传播中无疑起了负面效应。我不知道抱着类似观点的华裔有多少人，在中国的相关信息向美国传播的过程中，他们在一定程度上是比中国媒体甚至部分美国媒体更有影响力的人群。他们在美国出生、长大、工作，在美国社会站稳了脚跟，更容易和美国其他族裔的人群交流，华人后代的身份使其他美国人相信他们所说的。对这样的人来说，他们的华人身份似乎就只有在说母国的坏话时增加信服力才具有存在意义。

全球化时代，大家有一个共同的身份——"经济人"，无论身在什么国度、什么制度之下，都需要挣钱养家，都希望有宽裕的生活。对于在美国各族裔中数量偏少的海外华人华侨来说，中国大陆经济的腾飞使得20世纪90年代以来中国海外移民大幅增加，近年来中国游客更是在多个国家屡创旅游人数或消费金额的新高。经济基础决定上层建筑，但经济真正对上层建筑发生作用需要时间。人的意识形态也属于上层建筑，美国公民对中国公民的印象和态度，在我看来，距对韩国、日本等国家的人的态度还有一定的距离。我时常也感到无可奈何，满大街的日本车和三分之一条街的韩国车证明了美国人对日韩科技产品的认可态度。数家商场里便宜的中国制造商品让人想起廉价的中国劳动力、血汗工厂等。即使对中国的一些已经改变的事情，美国人仍然按照过去的看法进行评判，比如计划生育政策，比如百余年前就禁止的女子缠足。我曾经在课堂上就老师提出的变性人主题分享中国的案例，主要提到走红多个领域的金星，该老师是在美国对我比较友好的一位教授，她在与我互动时将话题自行发挥到追溯女子缠足的历史、计划生育引发的堕胎问题等方面。由于语言和时间原因，我不能很好地组织话语告诉他们，这都是历史或已成为历史，只大略讲了开放不久的二胎政策，以及中国曾经的人口和资源之间的明显矛盾。此老师到过中国，对具体的某位中国人总体比较友好，但眼光似乎也停留在过去，下意识里不愿意用发展的眼光看待中国的过去、现在和将来。

国际流动人口越来越多的年代，一个国家的海外形象和多种因素相关，包括国家实力、本国与他国的媒体宣传、本国去往他国的个体的表现……今天，任何一个国家的公民都不会小觑中国的经济实力，但中国形象的正面化远不是经济提升能完全解决的。每个中国人都有责任，走出国门的中国人有更直接和切近的责任去消除外国人对中国的偏见。

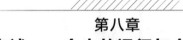

第八章
自述：一个人的远征与文化适应

解读美国
现实、媒介与省思

一　临行

对一般的中国人而言，当某一天你得知有个机会去美国，都不免遐想一番。对一个生于 20 世纪 70 年代末的人而言，教科书中所有关于资本主义的论断，绝大多数会以美国为参照；20 世纪后半叶至今发生的各种全球性事件也好、发明也罢，多以美国为现场或幕后主推手。人们一方面带着各种有色眼镜远观这个当今世界的头号强国，另一方面很多人对美利坚趋之若鹜。近几年的国人海外旅行，不少人选择去美国，去过美国也成为各种年龄段的人们聚会时炫耀的资本。

作为一个和影视打交道十余年，有一些研究影视的文字发表的学人，美国对于我的意义还有镁光灯下的五光十色、银幕内外的扑朔迷离。那些关于东西南北、过去和未来、幻想与现实的故事使得这个国家成为我想象中的海市蜃楼，尽管一次短暂的游学未必就能撩开面纱，见到真相。美国是很多世纪故事中的主角或重要的在场成员，在二十世纪末席卷全球的大片《泰坦尼克号》中，杰克是第一个看到纽约自由女神像并大喊"America——"的那一个。在浪漫忧伤的《海上钢琴师》中，那一艘开往纽约的游轮，承载了 1900（电影主人公）所有的人生故事，也见证了数个淘金者奔赴美国的忐忑与决绝，旁白里说，每一艘船上都有一个人率先看到自由女神像，然后以带着各种口音的英语激动地喊："America——"电影虽然起源于法国，但兴盛并成为人类文化的盛事和不可或缺的一部分则要归功于美国。美国梦是二十世纪很多银幕故事的底色。在课堂上，有时我会把"美国梦"和"中国梦"联系到一块儿。若说美国梦已经做了百余年，美国正在展示其成熟的魅力；这个时代的中国梦有如新生儿梦之清新，更需要呵护。

　　小时候我是一个早熟又爱幻想的孩子，可以很规矩地帮助母亲料理各种家务，也可以待在一个角落里冥想未来。我做过各种梦：成为作家、歌唱家、记者……随着年龄的增长，有过走遍世界的梦想，产生过在所有的城市有酒友和知己的冲动。事实是我一直在非常规矩地读书、再读书，一直读到博士，教书、写论文、结婚、生子。孩子的到来，带给我快乐，也让我的生活几乎只剩下世俗与琐碎，如尘泥一样低到地底下。每个人一生中都有一地鸡毛的时候，也有觉得一切困难为我而闪开的豪迈时刻。小儿四岁之际，我有了一次并非计划中的赴美机会，我不想错过这次机会的原因与其说是美利坚本身的诱惑，不如说对一个"奔四"的女人来说，暂时逃离世俗本身、开启一种新生活的幻梦更令人神往，然而，亲情是永远的牵绊。图38是我在赴美飞机上拍到的达拉斯机场。

图 38　接近达拉斯机场时俯瞰地面

母　亲

母亲得知我要去美国，很紧张。她是与中华人民共和国同龄的老党员。在我的身边，没有人比母亲更热爱祖国和党，从外在行动到内心。她坚定地认为没有共产党，她仍然会穷居山崖，不可能完成中学学业，从而在十八岁成为下川东山区一个小学的正式教师。从办下签证到启程的一个多月的时间里，她不停地给我打电话，以前所未有的热情关注国际事务、中美关系。2016 年似乎事儿特别多，仔细想来，哪一年的国际新闻都不少，任何时候美国的举动都是世人关注的焦点。南海局势紧张时、美国某地发生枪击案时……母亲均会来电话，郑重地让我考虑美国之行。到了后来，她说："太不安全了，能否和美国老师商量改成网络授课，上网看视频，反正是上课。"母亲提到日本鬼子就冒火，对于美国人的印象在她学会使用微信后坏了很多，她的朋友圈里的同龄人相比于关注日本，更热衷于传播关于美国的负面言论，诸如美国出口到中国的食物都是故意来伤害中国人的，各种高科技产品也是来窃取中国机密的，等等。母亲得知美国可以私人持有枪支后，愈发紧张，知道此行已定后，按照她的性格，必然是夜不能寐，梦境里会出现女儿在枪林弹雨中艰难前行或者殒命的壮烈场面。无论你多么优秀，多么胸怀世界，在母亲眼里，永远都是孩子，还是步履蹒跚、很容易被伤害的孩子。我安慰母亲："不用担心，您的女儿吉人天相，从初中毕业就求学在外，成家立业，不都好好的么？说不定这是一次崭新的开始，以后本事更加大大的。"母亲再没有表现出十分的焦虑，她一定是把担忧深深地藏起来了，然后不停地祈祷。母亲对于一般人害怕的鬼神一点儿不在意，但为了孩子，她会屡次求菩萨保佑。有神论还是无神论，对于一个深爱孩子的母亲来说，没有什么区分。

天底下母亲的眼神，任何时候都柔软深情，哪怕面容苍老、皱纹深深。多数孩子注定要长大远行，十年或二十余年后，我的孩子也要背起行囊离开，那时我将如何面对？生命中无时无刻不浓密的牵挂之情丝一下子被拉得好长好长，紧紧地绷着异国他乡的孩子和家乡的母亲。

儿　子

机票显示出发时间为 7：25，意味着这天 5 点 30 分左右我就要从家出发。从确定小儿铁蛋不能随行的那天起，我就开始琢磨如何与他说此事：妈妈在你四岁时要与你分开半年。尽管平时有意无意提及，但一直不知道怎么直接说此事。时间越来越近，临行前一天，早餐过后，我假装随意问道："你知道妈妈要去美国吗？"出乎意料，铁蛋很镇静地继续玩玩具："知道啊。""妈妈明天早上就走了啊！"我补充一句。"哦——"铁蛋的目光没有从玩具上转移。我的心放下来，也有点失落：这孩子怎么对妈妈是否远行好像无所谓？晚餐后，照例喂他奶粉、陪他看动画片、给他洗脸洗脚，送他上床时，他突然说道："妈妈你是明天早上走吗？""是的。""你要记得早点回来啊！要给我买有军车、带着笼子、笼子可以装坏人的玩具，买了就回来啊——"他从床上爬起来，搂着我的脖子。我的眼泪唰地流出来了："好——"不想让前来帮忙带娃的父亲听见，眼泪无声地落在孩子身上，湿了他的小汽车睡衣。铁蛋也哭了，但不厉害，很清醒地说："妈妈，明天早上你在走道要叫醒我啊，我要和你告别。"我只敢点头，他用小手摸我的脸，反倒不哭，轻轻地说："妈妈你笑笑嘛。"我流着泪扯了一下嘴角，故意用平时那种很凶的语气说："赶快睡觉，睡晚了长不高！"把他按在被窝里匆匆离开。

218

孩子爸还在办公室，我返回自己的卧室，蒙着被子大哭起来，怀疑这个决定是否正确，尽管中间有数次动摇，但都以"钱都花这么多了"和"总是要长些见识"这分属泥土和云端的两种理由告诉自己。临行之前，我却感到如此内疚，虽然也明白生命中必然有很多次离别、一次离别一次成长这样的道理。

翌日我顶着熊猫眼，没有叫醒孩子，怕他哭也怕我哭。我很怕别人哭，因为不知道怎样安慰，即使是我的孩子。同时我也不想让这个离别场景多年后还深刻地印在他的脑海里：天色很黑，母亲拖着大箱子要远走万里之外，看着她的背影越来越远，越来越小，留下哭泣的我。

5：50 到长水机场，从没有这么早来过这里，我吓了一大跳，入口处摩肩接踵，旅客们完全是大型菜市场零售小贩来赶早市批发的架势，但很快就进去了。在滇地生活十三年，偌大的长水机场第一次让我感到深深的眷念，成为家的延伸。（图 39 为作者在美国所住的公寓。）

图 39　在美国居住的公寓

首都机场

迄今为止，北京是我个人生命履历中到达的最北的北方，曾经我有数次行程抵达于此。在二十世纪的故事讲述中，北京是数个大时代大故事、小时代小故事的舞台。"这是四点零八分的北京，一片手的海洋翻动；这是四点零八分的北京，一声雄伟的汽笛长鸣。"这是食指的诗歌，后来还出现在贾樟柯的短片《小山》中。食指描摹了一代人离开家园的感受，少年英雄们或者说被时代的喇叭吹得膨胀的自以为英雄的少年们，临行突然发现北京是家，是妈妈帮忙缝扣子的地方。《小山》里汾阳籍大学生东平在聚会上朗诵这一诗歌时，因为没有相通的情感体验显得苍白无力，他对农民工老乡小山的冷漠基本消解了英雄哪怕是伪英雄出征时的复杂情感。

这一次到北京，和之前的数次一样，但又不一样，以前是终点，办完事又回到有亲人、家人的地方；这一次是出去，北京是起点，是首都，是和中国相联的关键字眼。与食指们对于熟悉的北京之间离、陌生化体验一样，对北京本来一直只是过客的我，觉得它熟悉、亲切起来，它将如同家人一样送孩子去漂洋过海，去历练。对于电影电视上见过的老华侨回到祖国的土地上，见谁都亲切、见谁都是亲人的感觉，我已经感同身受。在见过其他准备出国的人后，我悄悄地收起这种感觉，暗暗地告诉自己：这种感觉是没有出过国门的土包子才有的，你以为自己还是郁达夫笔下在日本留学的"零余人"？随时要萌生"弱国子民"的愁绪？随时准备客死他乡吗？

北京的天空明晃晃的。因为需要按照航空公司排队，这样一来办理登机手续的人就不显拥挤。那些初次赴美的留学生都有家长陪同，虽然有不舍的表情，但都很克制，没有在现场流泪的。一队着黄色 T 恤的参加暑期夏令营的中学生不停的玩闹冲淡了离别的愁绪。另一队中年旅行人群因为导游的能言善辩不时爆发笑声。人群洋溢着欢快的气氛，勾起了我对于美国南方目的地的想象：广袤的土地、小栋的楼房、各种肤色的人群、友好的微笑……

来过这么多次首都机场，第一次行走在 T3 航站楼。首都是中国的脸面，机场是北京脸面，T3 是脸面的脸面、脸上的三角区。还没有走出国门，多家免税商店里的场面就显露出中国人的超强购买力，一家卖化妆品的店里，顾客熙熙攘攘，像哄抢大白菜一样争先恐后地拿货付钱。新闻里屡次报道的海外中国游客买光一个商场、一条街的购买力，未出国门就见识到了，而各种负面报道和批评性质疑，如"中国人，除了有钱你还有什么"也在我脑海里冒了出来。此行我主要为了解美国，尽可能感受美国的文化、教育等方面，但也为在另一个文化圈里重新审视中国、中国人提供了很好的语境。

此时我想起了弟弟发来的调侃信息："热烈祝贺我村第一个美国学习的村民即将启程。"我是从那个弯滩河行政区域名为田坝的山区长大的孩子，这样的远行或许可以让我像小品里的清洁工一样挺起腰板大声叫："我骄傲——"其实是很多机缘促成的此行：办学的国际化、人才要求的国际化，周遭生活工作环境拥有国际化背景的人越来越多。同时有一种印象也在人们脑中加深至于刻板化：国际化等于美国化。从语词上讲，这句话很难被人认同，可事实好像很难绕过。如果国际化是很多人来中国学习，如同大唐盛世，或许这会成为"中国威胁论"的实证，但如果是相互学习、切磋，形成真正的对话，就可能推动人类共同体走向

更美好的未来。（图 40 为笔者到达美国后在国会大厦前的留影）

图 40　笔者在国会大厦前留影

二　关于文化适应

在一个完全陌生的环境您会怎样？可能每个人的回答和实际表现都不一样。访问学者是一个很好的身份，让我的美国之行有诸多便利，既不像一般观光客那样行程短暂，又不像学生或其他合作研究者那样任务缠身，我可以暂时卸掉在国内的诸多事务，差不多来一次无关功利的纯粹审美的旅行。

少时我自诩文学少年，会在炎炎夏日坐在桌前对着一幅图冥想，为的是有文字从笔尖流出，后来生活的琐碎逐渐冲淡了文学梦。短暂的美国旅居，在一定程度上唤起我想用中国字表达自己经历的欲望。我想用诗歌写作，咏叹自己这一趟的感受，想要写诗给孩子、母亲、老祖母……讲述家人的体谅、去国怀乡的体验。这次旅行让我对生命中的一切都有了感恩之心，会让我在暗夜想起每一个家人，包括已经去世的祖母。这个一生好强、喜欢远行的老人家在另一个世界会不会悄悄跟着我来美国？虽然此行程完全超过她生前的经验视野，但她从来都是天不怕地不怕的人啊。我的身体里也流淌着祖母的血液，在人生路上一直告诉自己：在黑白颠倒的世界，不害怕。

这也是作为个体的我与美国文化的蜜月期的附带效应。我是一个总体上情感独立的人，对于美国之行有一定的预期。在另一个大学的访问学者 C 表现得完全不同，年过四十的人，竟然每天都哭上一小会儿，哭的对象是微信那边的丈夫，直到男人哄了半天才停止，原因有二：一是 C 和丈夫是一个系的同事，感情很好；二是 C 所在的大学中国人很少，她去了几天都没有碰到一个华人，让生活琐事搞得头大。相比之下，我和丈夫虽然在同一个城市，但他的工作性质使我们一直都是周末夫妻，同时特洛伊大学里中国学生多，访问学者也是基本从中国来的，大家多住在同一栋楼，至少表面上是相亲相爱的一家人。C 的状况既让我有些不屑，但其实也有羡慕的成分，不是每个人都有机会做"超龄少女"的。

随着时间流逝，国内的孩子似乎也适应了没有妈妈的生活，或者他知道视频里的妈妈终究只是影像，都不想与之敷衍了，每次视频说几句话就撤："可以了，不说了，妈妈，我要去看动画片，拜拜了。"特洛伊大学、特洛伊镇真的很小，美国乡镇生活着实单调、乏味，没有买车又让我不能自由活动，跑这么远老待在房间干嘛？这时我想我进入了文化冲击期，变得超爱看中文小说，曾经的文学少年，努力在网络上搜集各种中文小说，从名家名篇到任意一个网络写手写的，诸如大 Boss 和傻白甜这样毫无技术含量可言的小说，都可以看得津津有味，实在汗颜于博士头衔和大学文科教师的名号，这是在文字里治愈思乡吧。很多留学生甚至在国外生活很多年的移民得空便找华人圈子，说中国话，都是为了抚慰思乡的心，道理相同。

计划中的美西、美东旅行虽然花掉的人民币在一个兼职家庭主妇看来让人心疼，但美国大地的行走与观察又点燃我的好奇心，淡化了文化冲击。每到一处，我都激动地拍下很多照片传给丈夫和孩子，在加利福尼亚水族馆，我想和其他几位当妈的访问学者一样让娃看视频，同步游览，结果丈夫的电话接不通，就算接通了估计娃也不太买账。他们心心念念的是让我快点回去。这样剃头挑子一头热的状况持续到我启程回家。

我想我的文化冲击期和文化恢复期是同时进行的。当和美国人在一起或者参加以美国人为主的活动时，我觉得这一趟是值得的，有机会这么切近地走进美国；但当我回到空荡荡的宿舍时，特别碰到夜间失眠，怀疑自然而然升上来。我觉得自己没有完全进入文化恢复期就离开了美国。作为一个短暂的客居者，不久就回去，这和留学甚至还打算毕业留在美国的学生是不一样的。目的、心境决定了文化体验的过程和结果不一样。看了若干研究跨文化适应的文章，都是依据两年或更长时间的跨文化居住而写的。大多访问学者异国居住的时间都短于此，这个群体的跨文化体验有其独特性，是与众不同的一种。

访问学者一般来说有一定的学术积淀、人生阅历，去国外之前进行过一定的语言准备，加上越来越庞大的访问学者群和被访问校方越来越熟练和程序化的接待流程，访问学者适应美国或其他任何一个国家的生活与学习不是为难的事情。访问学者数量的增加、选拔方式的多样化，也带来最后访问效果的参差不齐。毕

224

竟访问学者的目的不只是为了体验一下异国生活，还有一定的学术目的，我认为，如果访问学者能在出国之前增加更多的对异国生活的了解，就能更好地适应他国生活，进而能更好地进行学术研究。①

近二三十年以来，几乎所有中国人生活的半径都越来越大，频率越来越快。求学、旅游、搬家、换工作……人们因为各种理由从一个地方到另一个地方，甚至从一个国家到另一个国家。离开美国时，朋友真诚地告诉我：来一次美国肯定不够，以后还会想来，看看有什么变化，或者去其他国家，出国也会上瘾。感谢朋友善意的提醒，我不觉得年届不惑的自己也会这样，但天性与职业习惯大概都会让我相信：生活不只有眼前的苟且，还有诗和远方。借用海子的一句诗："远在远方的风比远方更远。"人生需要我们做一个逐风的人！

2017 年 10 月 26 日

---

① 李红梅：《在美中国访问学者跨文化适应性调查与分析》，《海外英语》2016 年第 18 期。

参考文献

一、著作

1. 〔美〕沃尔特·李普曼:《舆论学》,林珊译,华夏出版社,1989。

2. 王义桅:《被神话的美国》,中国社会科学出版社,2008。

3. 〔美〕明恩溥:《中国人的气质》,刘文飞、刘晓畅译,上海三联书店,2007。

4. 〔美〕罗伯特·N.贝拉、理查德·马德逊、威廉·M.沙利文、安·斯威德勒、史蒂文·M.蒂普顿:《心灵的习性:美国人生活中的个人主义和公共责任》,翟宏彪、周穗明、翁寒松译,三联书店,1991。

5. 〔法〕托克维尔:《论美国的民主》,董果良译,商务印书馆,1997。

6. 〔德〕本德尔:《美国:新的罗马》,夏静译,中央编译出版社,2005。

7. 〔美〕彼得·伯格、〔英〕格瑞斯·戴维、〔英〕埃菲·霍卡斯:《宗教美国,世俗欧洲?——主题与变奏》,曹义昆译,商务印书馆,2015。

8. 〔美〕阎云翔:《私人生活的变革:一个中国村庄里的爱情、家庭与亲密关系 1949—1999》,龚小夏译,上海书店出版社,2006。

9. 〔法〕莫里斯·哈布瓦赫:《论集体记忆》,毕然、郭金华译,上海人民出版社,2002。

10. 〔美〕詹姆斯·洛温:《老师的谎言——美国历史教科书中的错误》,马万利译,刘北成校,中央编译出版社,2009。

12. 〔美〕斯科特·柯林斯:《狐狸也疯狂:福克斯电视网和 CNN 的竞争内幕》,张卓、王瀚东译,华夏出版社,2007。

13. 〔美〕迈克尔·穆尔:《愚蠢的白人》,周遵友等译,中信出版社,2002。

14. 〔法〕德波:《景观社会》,王昭风译,南京大学出版社,2006。

15. 〔美〕查尔斯·德伯:《疯狂的美国:贪婪、暴力、新的美国梦》,何江胜、何烨、相华利译,社会科学文献出版社,2005。

16. 〔加拿大〕马修·弗雷泽:《软实力:美国电影、流行乐、电视和快餐的全球统治》,刘满贵等译,新华出版社,2005。

17. 〔美〕兹比格纽·布热津斯基:《大棋局——美国的首要地位及其地缘战略》,中国国际问题研究所译,上海人民出版社,1998。

18. 张旭东:《全球化时代的文化认同:西方普遍主义话语的历史批判》,北京大学出版社,2006。

19. 飞行电熨斗:《穿越火线:我在美国当大兵》,北京时代华文书局,2015。

20. 罗雪:《我在美国航母当大兵》,现代出版社,2013。

21. 黄邦汉、俞宁:《华鸟美巢:美国家庭收养中国儿童问题研究》,合肥工业大学出版社,2005。

二、期刊文章和论文

22. 王立新:《"文化侵略"与"文化帝国主义":美国传教士在华活动两种评价范式辨析》,《历史研究》2002年第3期。

23. 李晓峰、漆美峰:《中国和美国服务业出口竞争力比较分析》,《国际商务研究》2013年第3期。

24. 张蕊:《美国服务业发展经验及对我国的启示》,《对外经贸》2012年第1期。

25. 尹伟华:《中、美两国服务业国际竞争力比较分析——基于全球价值链视角的研究》,《上海经济研究》2015年第12期。

26. 袁博:《美国多地出现"中性厕所"》,《文汇报》2016年3月16日。

27. 〔美〕裴孝贤：《宗教在美国社会生活中的地位》，《美国研究》1998年第 4 期。

28. 李鹏：《好莱坞宗教题材电影与美国主流价值观的关系透视》，硕士学位论文，黑龙江大学，2013。

29. 《白人至上主义重新抬头 极右势力走到聚光灯下——暴力冲突深深刺痛美国社会（深度观察）》，《人民日报》2017 年 8 月 16 日。

30. 黄际英：《"模范少数族裔"理论：神话与现实》，《东北师范大学学报》（哲学社会科学版）2002 年第 6 期。

31. 田耀、孙倩倩：《美国土地政策演变及对资源保护的启示》，《国土资源科技管理》2014 年第 2 期。

32. 于时语：《征兵危机缠绕美国》，《南风窗》2005 年第 10 期。

33. 于时语：《美国绿卡和俄罗斯轮盘赌》，《南风窗》2006 年第 17 期。

34. 徐新建：《人类学方法：采风、观察？还是生命内省?》《兰州大学学报》（社会科学版）2016 年第 5 期。

35. 庄国土：《近 20 年福建长乐人移民美国的动机和条件——以长乐实地调查为主的分析》，《华侨华人历史研究》2006 年第 1 期。

36. 黎相宜：《青年消费的自主性与嵌入性研究——从生产性身体到消费性身体：基于美国福州青年劳工移民的分析》，《中国青年研究》2017 年第 5 期。

37. 沈燕清：《福建新移民在美国——20 世纪 90 年代以来福州地区非法移民个案研究》，《世界民族》2004 年第 1 期。

38. 刘琛：《国际媒体视角下的中国访问学者》，《北京教育》（高教）2016 年第 2 期。

39. 万晓宏：《美国华人新移民中的一个特殊群体：领养华童》，《八桂侨刊》2010 年第 2 期。

40. 范可：《跨国领养与跨文化的"家"——以来华领养的美国公民为例》，《华人华侨历史研究》2011 年第 1 期。

41. 韩震:《全球化化时代的华侨华人文化认同的特点》,《扬州大学学报》(人文社会科学版) 2009 年第 2 期。

42. 王立新:《在龙的映衬下:对中国的想象与美国国家身份的建构》,《中国社会科学》2008 年第 3 期。

43. 李红梅:《在美中国访问学者跨文化适应性调查与分析》,《海外英语》2016 年第 18 期。

三、网络资料

44. 《美 10 年内最大的"白人至上"主义游行爆发 背后的问题由来已久》,http://news. ifeng. com/a/20170813/51623814_0. shtml。

45. 《美白人至上论:"我不恨亚裔就像我不恨我的狗"》,http://edu. 163. com/14/0709/09/A0N1OQM400294KMJ. html。

46. 《章莹颖案之后,美国校园还安全吗?》,http://news. 163. com/17/0712/05/CP4DKSM400018AOP. html。

47. 《〈2016 美国人权纪录〉发布 全年枪击事件近 6 万起》,http://www. jiemian. com/article/1160903. html。

48. 《2016 "中美旅游年"落幕 美国来华 166 万人次》,http://www. china. com. cn/travel/txt/2017 - 01/09/content_40063409. htm。

49. 《美国华人生存之道:抱团还是互骗》,http://dajia. qq. com/original/category/rxq170628. html。

50. http://www. huffingtonpost. com/entry/donald - trump - conway_us_5814c332e4b0390e69d092de, Kellyanne Conway Confirms: My Boss Donald Trump Is A Ridiculous Man - Baby.

51. Jill Filipovic, "The Moral Case for Sex before Marriage", https://www. theguardian. com/commentisfree/2012/sep/24/moral - case - for - sex - before - marriage.

52. Donesha Aldridge, "Grenada dad charged with murder after 8 - month -

old left in car", http：//wjtv. com/2016/05/20/grenada – dad – charged –
with – murder – after – 8 – month – old – left – in – car/.

53. "Mom in Bot – Car Death Wants Charges Against Father Dropped", ht-
tp：//www. usatoday. com/story/news/nation – now/2016/08/10/mom –
hot – car – death – wants – charges – against – father – dropped/88543464/.

54. "Two More Children Died Over the Weekend in Hot Cars. That's 682 since
1998. It Isn't Getting Better," https：//www. washingtonpost. com/news/
morning – mix/wp/2016/07/25/two – children – died – over – the – week-
end – in – hot – cars – thats – 682 – since – 1998 – it – isnt – getting – bet-
ter/.

55. "White Mother Whose Daughter, 2, Died in Hot Car Will NOT Face Char-
ges in Mississippi – the State Where Black Father Who Forgot His Chil-
dren Is Charged With Manslaughter," http：//www. dailymail. co. uk/
news/article – 3735556/Mississippi – mother – two – year – old – daughter –
died – hot – car – NOT – face – charges. html.

56. " 'Blatant racism' Behind Black Father's Murder Charge in Toddler's Hot
– Car Dea – th, Lawyer Says," https：//www. washingtonpost. com/
news/morning – mix/wp/2016/05/24/blatant – racism – behind – black –
fathers – murder – charge – in – toddlers – hot – car – death – lawyer –
says/.

57. "Madison Co. Grand Jury Decides Not To Indict Mother In Baby's Hot Car
Death," http：//www. msnewsnow. com/story/32737741/madison – co –
grand – jury – decides – not – to – indict – mother – in – babys – hot – car
– death.

58. "Grenada Father, Who Left Daughter in Hot Car, Speaks Out," http：//
wjtv. com/2016/08/24/grenada – father – who – left – daughter – in – hot –
car – speaks – out/.

59. http： //www. farrahgray. com/black – father – whose – eight – month – old – daughter – died – left – hot car – face – 20 – years – prison – white – mother – charged – lawyer – claims – racial – bias – missi/.

60. "Racial Bias in MS？ Black Father Faces 20 Years for Leaving Child in Hot Car, White Mother off the Hook," http： //theweeklychallenger. com/racial – bias – in – ms – black – father – faces – 20 – years – for – leaving – child – in – hot – car – white – mother – off – the – hook/.

61. http： //www. tampastar. com/index. php/sid/247059615.

62. Funmi F. Franklin, "Mississippi Racism Alive and Thriving," http： // www. jacksonfreepress. com/news/2016/mar/02/mississippi – racism – a- live – and – thriving/.

63. http： //www. theroot. com/articles/culture/2014/11/the_ worst_ states_ for_ black_ people/2/.

64. http： //wjtv. com/ap/no – prison – time – for – father – who – pleads – in – babys – hot – car – death/.

65. "Black Father Shot Dead by Charlotte Police Made an 'Obvious Threat' To- wards Cops, Video Shows, but Footage Won't Be Shown to Public Despite Family Seeing It Today," http： //www. amren. com/news/2016/09/black – father – shot – dead – by – charlotte – police – made – an – obvious – threat – towards – cops – video – shows – but – footage – wont – be – shown – to – public – despite – family – seeing – it – today/.

66. http： //www. vocativ. com/361120/charlotte – woman – police – shot – my – father – for – being – black/.

67. "Charlotte Police Killing of a 43 – Year – Old Black Father of 7, Sparks days of Protest," http： //www. masonreport. com/news/2016/9/21/pro- tests – erupt – in – charlotte – nc – after – 43 – year – old – black – man – keith – scott – is – killed – by – police.

68. "Charlotte Girl: 'We are Black People and We Shouldn't Have to Feel Like This'," http: //komonews. com/news/nation − world/charlotte − girl − we − are − black − people − and − we − shouldnt − have − to − feel − like − this.

69. Helen Raleigh, "Chinese American Becomes A Global Sensation After Shooting At Armed Robbers," http: //thefederalist. com/2016/10/24/ chinese − american − becomes − global − sensation − shooting − armed − robbers/.

70. http: //www. philly. com/philly/blogs/real − time/Chinese − American − community − to − hold − large − anti − violence − rally − in − Center − City − Philadelphia. html.

71. Hansi Lo Wang, " 'Awoken' By N. Y. Cop Shooting, Asian − American Activists Chart Way Forward," http: //www. npr. org/sections/codes- witch/2016/04/23/475369524/awoken − by − n − y − cop − shooting − asi- an − american − activists − chart − way − forward.

图书在版编目（CIP）数据

解读美国：现实、媒介与省思／谢晓霞著 . -- 北
京：社会科学文献出版社，2018.3
ISBN 978 - 7 - 5201 - 2215 - 3

Ⅰ.①解…　Ⅱ.①谢…　Ⅲ.①美国－概况　Ⅳ.
①K971.2

中国版本图书馆 CIP 数据核字（2018）第 028828 号

解读美国：现实、媒介与省思

著　　者／谢晓霞

出 版 人／谢寿光
项目统筹／周　琼
责任编辑／周　琼　韩欣楠

出　　版／社会科学文献出版社·社会政法分社（010）59367156
　　　　　地址：北京市北三环中路甲 29 号院华龙大厦　邮编：100029
　　　　　网址：www. ssap. com. cn
发　　行／市场营销中心（010）59367081　59367018
印　　装／三河市尚艺印装有限公司

规　　格／开本：787mm × 1092mm　1/16
　　　　　印张：14.75　字数：180 千字
版　　次／2018 年 3 月第 1 版　2018 年 3 月第 1 次印刷
书　　号／ISBN 978 - 7 - 5201 - 2215 - 3
定　　价／59.00 元

本书如有印装质量问题，请与读者服务中心（010 - 59367028）联系